GUNTHER WERNER

Experten helfen Referendaren: Leistung messen

SCRIPTOR

Der Autor

Gunther Werner ist Haupt- und Realschullehrer und arbeitet als Ausbilder am Studienseminar in Wetzlar (Hessen). Schwerpunktmäßig bildet er im Fach Deutsch und im Modul „Diagnostizieren, Fördern und Beurteilen" aus und beschäftigt sich seit vielen Jahren in Praxis und Theorie mit dem Messen und Bewerten von Schülerleistungen.

Projektleitung: Dorothee Weylandt, Berlin
Redaktion: Doreen Wilke, Berlin
Umschlaggestaltung: Kerstin Zipfel, München
Layout und technische Umsetzung: Dagmar & Torsten Lemme, Berlin

www.cornelsen.de

Die Links zu externen Webseiten Dritter, die in diesem Titel angegeben sind, wurden vor Drucklegung sorgfältig auf ihre Aktualität geprüft. Der Verlag übernimmt keine Gewähr für die Aktualität und den Inhalt dieser Seiten oder solcher, die mit ihnen verlinkt sind.

1. Auflage 2014

© 2014 Cornelsen Schulverlage GmbH, Berlin

Druck: CPI – Clausen & Bosse, Leck

ISBN 978-3-589-16308-3

 Inhalt gedruckt auf säurefreiem Papier aus nachhaltiger Forstwirtschaft.

Vorwort

Sobald Sie beginnen, eigenverantwortlich zu unterrichten, müssen Sie Schülerleistungen messen und Noten geben. Das ist eine Aufgabe, die leicht zu Konflikten mit Schülern, Eltern und Kollegen führt. Oft werden angehende Lehrer während des Studiums nur unzureichend darauf vorbereitet, Schülerleistungen zu erfassen und zu bewerten. Dies bekomme ich häufig von meinen Referendaren zurückgemeldet. Daher habe ich diesen Praxisratgeber geschrieben.

Meine persönliche Erfahrung ist, dass die Notengebung mit etwas Sachverstand sogar Freude machen kann. Dies gilt vor allem, wenn Sie wie ich schrittweise die neueren Formen der Leistungsbewertung – wie Schülerselbstbewertung und Bewertung offener Lernformen – im Unterricht ausprobieren. Zunächst aber möchte ich Ihnen helfen, die traditionellen Bewertungsbereiche wie Klassenarbeiten, mündliche Noten, Kopfnoten und Zeugnisse in den Griff zu bekommen.

Wenn ich mich am Studienseminar mit der Leistungsmessung beschäftige, erlebe ich besonders gern Unterricht, in dem Leistungen erfasst oder bewertet werden, wie etwa Klassenarbeiten, Diktate oder Stunden, in denen Lernergebnisse präsentiert und bewertet werden. Planung, Durchführung, Korrektur und Bewertung sind dann Aspekte in der Nachbesprechung. Dabei lerne ich gemeinsam mit meinen Referendaren laufend neue und spannende Aspekte der Leistungsmessung hinzu.

Da ich um Ihre vielen Baustellen im Referendariat weiß, erhalten Sie mit diesem Buch so wenig Theorie wie möglich. Stattdessen ist es mein Anliegen, Ihnen klare Hinweise aus der Praxis und für die Praxis zu geben. Einschlägige Fachliteratur zum Thema, in der Sie einzelne Aspekte vertiefen können, ist an anderer Stelle vorhanden. Zusätzlich erhalten Sie am Ende der meisten Abschnitte Hinweise zum Weiterlesen.

Die Reihenfolge der Themen habe ich so gewählt, wie sie Ihnen wahrscheinlich im Schuljahresverlauf begegnen werden. Ich beginne mit der Verwaltung und Erfassung von Leistungen und gehe auf Klassenarbeiten und Klausuren ein. Anschließend rücken die mündlichen Leistungen und Kopfnoten in den Blick, dann die offenen Lernformen und – last but not least – die Zeugnisse.

Es würde den Rahmen dieses kleinen Ratgebers sprengen, wenn ich auf alle rechtlichen Einzelheiten bei der Leistungsmessung und -bewertung eingehen wollte, die aufgrund des Bildungsföderalismus in den Bundesländern zum Teil voneinander abweichen. Dies gilt vor allem für Prüfungen, Versetzungsbestimmungen und Regelungen rund um Zeugnisse und Abschlüsse. Hier verweise ich Sie auf das Internetportal Ihres Kultusministeriums. Dort finden Sie die für Ihr Bundesland gültigen Gesetze und Rechtsverordnungen. Übrigens wird sich Ihr Schulleiter bestimmt freuen, wenn Sie mit einer rechtlichen Frage zu ihm kommen und er Gelegenheit hat, für Sie nach bereits angestaubten Verordnungen zu kramen.

Gehen Sie mit einer gehörigen Portion Mut und Optimismus an die Leistungsmessung heran, indem Sie Ihre eigenen Wissenslücken erkennen und schließen. Bleiben Sie im regen Austausch mit Ihren Kollegen, Mitreferendaren, Ausbildern und vor allem mit Ihren Schülern. Dann wird Ihnen eine nachvollziehbare, transparente und faire Bewertung gelingen.

Falls Sie einen wichtigen Aspekt der Leistungsmessung in diesem Buch vermissen, freue ich mich sehr über Ihre Mail an den Cornelsen-Verlag, um für eine aktualisierte Auflage zu ergänzen. Alle abgebildeten Tabellen und Checklisten können Sie über den jeweiligen Webcode im Internet herunterladen. Das Stichwortverzeichnis am Ende soll Ihnen den schnellen Zugriff erleichtern.

Ich wünsche Ihnen gutes Gelingen beim Messen der Leistungen Ihrer Schüler!

Gunther Werner

Aus Gründen der besseren Lesbarkeit verwende ich nur die männliche Form für Lernende und Lehrende. Natürlich sind Frauen und Mädchen gleichermaßen angesprochen. Ich bitte um Ihr Verständnis.

Webcode: Sie können die Kopiervorlagen aus dem Internet als PDF-Datei herunterladen. Sie finden dazu eine Zahlenkombination auf der entsprechenden Buchseite. Geben Sie diese unter www.cornelsen.de/webcodes ein.

1   Notenbuch oder iPad? – Wie verwalte ich meine Noten?

 ▶ 40

Auf dem Markt werden viele Instrumente zum Erfassen von Schülerleistungen angeboten. Für welches sollen Sie sich entscheiden?

Der zunehmende Einzug von Smartphones und Tablet-Computern bietet auch neue Möglichkeiten für das Erfassen und Archivieren von Schülerleistungen. Neben dem herkömmlichen Notenbuch – vom Lehrerkalender bis zum großformatigen Buch – kommen immer häufiger digitale Notenbücher zum Einsatz. Folgende Fragen können Ihnen bei der Entscheidung helfen:

Wie übersichtlich ist das (digitale) Notenbuch und wie flexibel lässt es sich auf Ihre Bedürfnisse anpassen? Tragbare Bildschirme haben den Nachteil, dass Sie nie alle Schüler einer Lerngruppe gleichzeitig in der Übersicht haben. Bei einem auf das DIN-A3-Format aufgeklappten DIN-A4-Buch ist dies in der Regel kein Problem.

Bietet das (digitale) Notenbuch genügend Platz? Lassen sich damit die Schülerleistungen eines Schulhalbjahrs adäquat erfassen, ohne dass Sie erneut eine Klassenliste anlegen müssen?

Wie erhalten Sie an Ihrer Schule die Daten Ihrer Schüler, um diese in Ihr (digitales) Notenbuch zu übernehmen? Dies ist die erste Schnittstelle, an der Sie sich die Arbeit erleichtern können.

Wie steht es mit der Verfügbarkeit im Unterrichtsalltag? Ist das (digitale) Notenbuch immer und überall schnell verfügbar, wenn zum Beispiel ein Schüler Auskunft über seine Leistungen haben möchte oder wenn Sie in einer Zeugniskonferenz eine erteilte Note begründen müssen? Bedenken Sie dabei auch ungewöhnliche Situationen wie Schwimmbäder, Turnhallen, Unterricht im Freien, Exkursionen usw.

Ist das (digitale) Notenbuch hinreichend gegen unbefugten Zugriff geschützt? Sehen Sie bei einer digitalen Lösung von vornherein eine regelmäßige Datensicherung vor.

Wie werden an Ihrer Schule die Noten vor den Zeugnissen zentral erfasst? Wahrscheinlich können Sie an dieser zweiten Datenschnittstelle am meisten Zeit einsparen, wenn Ihr digitales Notenbuch kompatibel ist.

Zum Weiterlesen:

○ *Suchen Sie eine Software zur Notenverwaltung? Dann werden Sie im Internet zum Beispiel fündig, wenn Sie mit den Suchwörtern „Notenverwaltung Download" recherchieren.*

○ *Lehrerkalender, Orga-Planer und Notenbücher werden von zahlreichen Verlagen und Herstellern angeboten. Erkundigen Sie sich, ob es an Ihrer Schule eine günstige Sammelbestellung für ein übersichtliches Notenbuch gibt.*

2   Noten und Datenschutz – was ich beachten muss …

▶ 39
▶ 42

Beim Auspacken zu Hause stellen Sie fest, dass Sie Ihr (digitales) Notenbuch in der Schule liegen gelassen haben. – Hoffentlich werden Sie solch eine extreme Situation nie erleben. Dennoch gilt es zu bedenken, dass Noten aus datenschutzrechtlicher Sicht hochsensible Daten sind. Sie haben sicherzustellen, dass außer Ihnen niemand Zugriff auf die Personen- und Leistungsdaten Ihrer Schüler hat. Lassen Sie Ihr Notenbuch nirgends unbeaufsichtigt liegen und schützen Sie Ihr digitales Notenbuch mit einem Passwort, das Sie regelmäßig ändern, vor unbefugtem Zugriff. Digitale Notenbücher haben leider den Nachteil, dass Sie eine mögliche Manipulation kaum feststellen können.

Datenschutzbeauftragte sehen Noten als personenbezogene Daten an, die nur mit Zustimmung des Betreffenden übermittelt werden dürfen. Streng genommen ist es nicht einmal erlaubt, bei der Rückgabe einer Klassenarbeit die Noten einzelner Schüler laut vor der ganzen Klasse bekannt zu geben.

Machen Sie auf einem Elternabend keinerlei Aussagen über individuelle Schülerleistungen. Erfahrungsgemäß gibt es oft Eltern, die nach dem offiziellen Ende des Abends zurückbleiben. Auch hier gilt: Keine Aussagen zur Schülerleistung vor Dritten. Notendurchschnitte und Notenspiegel dürfen jedoch auch am Elternabend bekannt gegeben werden. Und gegen die Veröffentlichung von Durchschnittsnoten einzelner Klassen in einzelnen Fächern – auch im Internet – ist datenschutzrechtlich nichts einzuwenden.

Zum Weiterlesen:
○ *https://www.datenschutzzentrum.de/schule/praxishandbuch-schuldatenschutz.pdf (letzter Zugriff am 02.09.2013)*

3 Was gehört wohin? – Wie archiviere ich Schülerarbeiten und Noten?

▶ 40

Auf Ihrem Schreibtisch stapeln sich Papiere, Unterrichtsentwürfe und Schülerarbeiten. Was gilt es beim Archivieren zu beachten?

Bereits korrigierte und bewertete Schülerarbeiten geben Sie in aller Regel an die Schüler zurück und versichern sich durch eine Unterschrift der Erziehungsberechtigten, dass diese Ihre Bewertung eingesehen haben.

Die erteilten Zensuren werden von Ihnen im (digitalen) Notenbuch verwaltet und bei Bedarf mit Zusatzinformationen ergänzt, die Ihnen später bei der Findung der Zeugnisnote helfen. Solche Zusätze können zum Beispiel sein: Tendenzen (Plus oder Minus), erreichte Punktzahlen oder Fehlerzahlen, Auffälliges in positiver oder negativer Hinsicht, Kontrollzeichen für die Unterschrift der Eltern oder für eine erledigte Verbesserung der Klassenarbeit.

Notenbücher – auch digitale – sollten Sie mindestens so lange sorgfältig aufbewahren, wie der betreffende Schüler Ihre Schule besucht. Gleiches gilt für Notenlisten und Ähnliches, die Sie für die Vorbereitung von Zeugniskonferenzen erstellt haben. Für die Archivierung der Zeugnisse in der Schülerakte ist die Schule zuständig. Zeugniskonferenzen werden – häufig vom Klassenlehrer – mithilfe vorgefertigter Bögen protokolliert, die in der Schule aufbewahrt werden.

In den Hauptfächern empfiehlt es sich, spezielle Klassenarbeitshefte anzulegen, die von Ihnen aufbewahrt und ausgegeben werden. Falls es im Klassenzimmer keinen abschließbaren Schrank gibt, halten Sie nach einem anderen Ort in der Schule Ausschau. Bewahren Sie bereits zensierte Schülerarbeiten nie zu Hause auf, sonst können Sie für einen eventuellen Verlust verantwortlich gemacht werden! Dies gilt auch für ausgearbeitete Referate oder Hausarbeiten, die Sie bereits bewertet haben. Ihre Schule ist für deren Aufbewahrung zuständig, wenn die Arbeiten nicht an den Schüler zurückgegeben werden.

Werkstücke und Kunstwerke, die in der Schule angefertigt werden, geben Sie den Schülern erst dann mit nach Hause, wenn die Benotung erfolgt und den Schülern mitgeteilt worden ist.

Zum Weiterlesen:
○ *http://lehrerfortbildung-bw.de/sueb/recht/ds_neu/faq (letzter Zugriff am 02.09.2013)*

4 Bin ich ein guter Beurteiler?

▶ 7
▶ 8
▶ 9

Sie fühlen sich durch Ihr Studium nur unzureichend vorbereitet, Schülerleistungen fair zu ▶ 9
beurteilen und Noten zu geben. Wenn Sie mich fragen könnten, was meiner Ansicht nach einen guten Beurteiler ausmacht, würde ich wie folgt antworten:

„**Sie bemühen sich, guten Unterricht zu organisieren.** Guter Unterricht schafft die besten Voraussetzungen für gute Schülerleistungen.

Sie achten auf ein gutes und angstfreies Lernklima. Die Trennung von Lern- und Leistungssituationen ist für erfolgreiches Lernen besonders wichtig. Das heißt: Sie schaffen einerseits bewertungsfreie Räume zum Erproben, Üben und Fehler machen. Andererseits sagen Sie Ihren Schülern jeweils vorher deutlich an, wann eine Bewertungssituation vorliegt, und legen hierfür klare Kriterien fest, die Sie im Idealfall im Unterricht gemeinsam erarbeitet haben.

Sie bemühen sich, um gerechte Bewertung. Dies gelingt Ihnen am besten, wenn Sie zum Beispiel um die begrenzte Aussagekraft von Ziffernnoten, um Bezugsnormen und klassische Beurteilungsfehler wissen.

Sie setzen Noten nicht zur Machtdemonstration oder als Mittel zur Disziplinierung schwieriger Schüler ein. Nutzen Sie stattdessen andere Optionen wie Vier-Augen-Gespräche mit dem Schüler oder Teamarbeit mit Kollegen und Sozialpädagogen, weil Schulnoten keine Probleme lösen, sondern sie eher verschärfen und sogar verhängnisvolle Teufelskreise des Versagens in Gang setzen können.

Sie misstrauen Ihrem Urteil. Hierzu hilft besonders der Austausch mit erfahrenen Kollegen über Bewertungsfragen.

Sie lassen Ihre eigene Arbeit von Ihren Schülern beurteilen. Holen Sie sich Feedback von Ihren Schülern, wenn Sie eine Lerngruppe einige Monate lang kennen und schon gut im Unterricht zurechtkommen. Sie werden staunen, wie gut es tut, positives Feedback zu bekommen – aber auch auf eigene Schwächen aufmerksam gemacht zu werden, an denen Sie erst dann arbeiten können, wenn Sie darum wissen."

Sicher haben Sie in dieser Aufzählung Punkte entdeckt, die bereits auf Ihre Arbeit zutreffen. Es steht also gar nicht so schlecht, wie Sie dachten, oder? Und ich versichere Ihnen: Sie werden das Bewerten von Schülerleistungen ebenso lernen wie all die anderen Kompetenzen, die Sie als gute Lehrkraft brauchen.

Zum Weiterlesen:

○ *Meyer, H. (2004): Was ist guter Unterricht? Cornelsen Verlag Scriptor: Berlin. S. 113–119.*
○ *Spitzer, M. (2007): Lernen. Gehirnforschung und die Schule des Lebens. Spektrum Akademischer Verlag: München. S. 192–194.*

5 Schülerleistung – was ist das?

▶ 26
▶ 29

„Darf ich selten oder nur schlampig erledigte Hausaufgaben in die Fachnote einrechnen?" – „Was gehört alles zur mündlichen Leistung?" – Das sind Fragen, die ich besonders häufig von meinen Referendaren gestellt bekomme, wenn wir über Leistungsbewertung sprechen.

Zunächst soll es jedoch darum gehen, die Leistungsbewertung generell zu problematisieren.

Ein Vermessungsingenieur weiß genau, was er zu messen hat und welche Instrumente er dazu benötigt. Beim Messen von Schülerleistungen ist das viel komplizierter.

Zuallererst nehmen meine eigenen Vorstellungen und Haltungen als Lehrkraft erheblichen Einfluss auf mein Beurteilungsvermögen. Ich sehe und beurteile, was ich sehen möchte. Es schadet daher nicht, wenn ich mir vergegenwärtige, wie Leistungen in der Schule zustande kommen. Drei Bereiche nehmen Einfluss: erstens das Kind, zweitens der Unterricht – und damit auch ich – und drittens die Schule.

Während Ihres Studiums konnten Sie hoffentlich einige psychologische Aspekte für die Entwicklung von Kindern und Jugendlichen aufsammeln: Wahrnehmung, Psychomotorik, begriffliches Wissen, Problemlösen, Gedächtnis, Sprache, soziale Kognition, Moral, Selbstkonzept, Geschlechtsidentität und – für das Leisten in der Schule besonders wichtig – Interesse, Neugier, Kontrollüberzeugungen, Leistungsmotivation und Leistungswillen. Dabei gilt es zu bedenken, dass die Entwicklung zum Erwachsenenalter sprunghaft und unregelmäßig verläuft.

Vorsicht bei der Beurteilung von Schülerleistungen ist für Sie deshalb geboten, weil Sie zu Beginn beim Unterrichten zwangsläufig Fehler machen werden. Und das ist gut so, denn nur so können Sie erfolgreich lernen.

Für eine faire und nachvollziehbare Bewertung ist es am wichtigsten, wenn Sie mit Ihren Schülern über Leistungserwartungen und Kriterien sprechen und diese gemeinsam im Unterricht erarbeiten und visualisieren. Besonders hilfreich ist es, wenn Sie die Schüler regelmäßig dazu ermutigen und anleiten, ihre Leistung selbst einzuschätzen. Das Einschätzen von Leistungen kann jeder lernen – auch und gerade Kinder und Jugendliche!

Zum Weiterlesen:

○ *Holodynski, M. / Oerter, R. (2002): Motivation, Emotion und Handlungsregulation; In: Oerter, R. / Montada, L. (Hrsg.) (2002): Entwicklungspsychologie. Beltz Verlage: Weinheim, Basel, Berlin.*

6

Was die Bewertung von Schülerleistungen so kompliziert macht ...

▶ 8
▶ 9

„Heute ist nicht mein Tag und mit der Zusatzaufgabe bin ich nicht klargekommen!" – Sicher kennen Sie solche oder ähnliche Schülerkommentare, wenn eine Klassenarbeit geschrieben wurde. Oft wird vergessen, dass es sich bei der Leistungsmessung in der Schule um einen äußerst komplexen Prozess handelt, auf den vielerlei Faktoren Einfluss haben.

Sie als Lehrkraft sind unmittelbar an der zu messenden Größe beteiligt, denn die Schülerleistung geht zu einem erheblichen Anteil auf Ihren Unterricht zurück. Außerdem entscheiden Sie darüber, welche Kompetenzen beurteilt werden sollen. Womöglich trifft aber gerade Ihre Auswahl nicht die Stärken eines bestimmten Schülers im Sachgebiet. Ebenso wird gern übersehen, dass der Lehrer die Messinstrumente selbst anfertigt, indem er die Prüfung konzipiert, die Messung anschließend in Form der Prüfung allein durchführt und bei der Korrektur die Messergebnisse selbst abliest. Der Einsatz eines Zweitprüfers kommt im schulischen Alltag nur bei Abschlussprüfungen oder beim Abitur vor. Zu guter Letzt nimmt die gleiche Person, die diese komplizierte Messung geplant, durchgeführt und abgelesen hat, auch noch die Bewertung vor. Es versteht sich von selbst, dass bei allen Schritten, die von der tatsächlichen Schülerleistung zur erteilten Ziffernnote führen, gravierende Mess- und Beurteilungsfehler auftreten können!

Bei einer Leistungsmessung in der Schule liegt eine Prüfungssituation vor. Was bestimmt eine solche Situation? Erstens der Prüfungsablauf, zweitens der Prüfling und drittens der Prüfer.

Beim Ablauf der Prüfung spielen folgende Faktoren eine wesentliche Rolle: Vorbereitung der Prüfung, Form, Dauer, Klima, Korrekturvorgang und Konsequenzen aus der Korrektur.

Der Prüfling bringt neben einer mehr oder weniger guten Vorbereitung eine individuelle Einstellung, Tagesform, Motivation und Erfahrung bezogen auf vorherige Prüfungen mit – z. B. auch Erfahrungen im Spicken oder Schummeln.

Der Prüfer beeinflusst durch sein Selbstbild (Welchen Wert messe ich dieser Prüfung bei?), durch seine Tagesform, seine Motivation, sein Vorbild (Wie ernst nehme ich Täuschungsversuche und wie reagiere ich darauf?) sowie durch den Grad der Hilfestellung während der Prüfung.

Wer sich der Komplexität der Leistungsmessung einigermaßen bewusst ist, die Prüfung sorgfältig durchführt sowie die klassischen Beurteilungsfehler kennt und vermeidet, schafft die besten Voraussetzungen für eine faire Leistungsmessung.

Zum Weiterlesen:

○ Paradies, L. / Wester, F. / Greving, J. (2005): Leistungsmessung und -bewertung. Cornelsen Verlag: Berlin. S. 10–37.

○ Sacher, W. (2004): Leistungen entwickeln, überprüfen und beurteilen. Verlag Julius Klinkhardt: Bad Heilbrunn. S. 85–101.

7   An welcher Norm richte ich meine Bewertung aus?

▷ 38

„Soll ich noch eine Vier minus geben?" – Durch die Vergabe von Ziffernnoten treffen wir Entscheidungen, die für den Werdegang von Kindern und Jugendlichen von erheblicher Bedeutung sein können.

Ziffernnoten sind aufs Engste mit der Geschichte unseres Schulwesens verbunden. Die heute in Deutschland gültige sechsstufige Notenskala bis zur Klasse 10 stammt aus dem Jahr 1938. Die Ziffernoten wurden in erster Linie zur Selektion von Schülern eingeführt. Sie sollten eine rechtlich einwandfreie Legitimation für Versetzungsentscheidungen schaffen.

Mathematisch gesehen haben Ziffernnoten im besten Fall den Stellenwert von Rang- oder Ordinalzahlen. Zum Vergleich: Bei der Tour de France wird täglich eine neue Rangliste ermittelt. Der Rang im Gesamtklassement lässt jedoch keine Rückschlüsse zu, wie groß die Leistungsunterschiede zwischen den einzelnen Athleten sind. Im schlimmsten Fall – etwa bei kreativen Leistungen – sagen Noten jedoch gerade einmal so viel aus wie Hausnummern in einer Straßenzeile. Daher ist es mathematisch unzulässig, bei Ziffernnoten mit Nachkommastellen zu rechnen oder zu argumentieren.

Ebenso wichtig für eine Bewertung ist die Bezugsnorm. Hier gibt es grundsätzlich drei Möglichkeiten:

- Ich betrachte die Leistung des einzelnen Schülers und berücksichtige nur den individuellen Lernfortschritt (individuelle Norm). Dies ist in der schulischen Praxis leider kaum möglich und vom System her im Grunde auch nicht vorgesehen, wenn es um die Erteilung von Ziffernnoten geht.
- Ich orientiere mich zum Vergleich an den Leistungen der Mitschüler (soziale Norm). Diese Art der Einschätzung ist in den allermeisten Fällen die Regel, wenn wir Schülerleistungen messen. Nur Vergleichsarbeiten und klassenübergreifend konzipierte Tests schaffen hier Abhilfe. Die soziale Norm benachteiligt starke und schwache Schüler in einer leistungsstarken Klasse, während beide Gruppen in einer schwachen Klasse bevorzugt werden.
- Ich orientiere mich an Leistungskriterien (kriteriale Norm), die von außen vorgegeben sind – zum Beispiel von einer Fachkonferenz definiert und durch entsprechende Aufgaben und Musterlösungen konkretisiert. Da die Erarbeitung solcher Kriterien, Aufgaben und Musterlösungen viel Zeit und Abstimmung erfordert, können wir in der Schule leider nur sehr selten darauf zugreifen. Wenig hilfreich für den Unterrichtsalltag sind Lehrpläne, Curricula oder Kompetenzbeschreibungen, da sie ohne konkrete Aufgabenbeispiele und Niveaustufen keine Leistungsmessung ermöglichen.

Bei der Frage, ob eine Leistung noch als „ausreichend" anzusehen ist, hilft mir die Überlegung, ob der betreffende Schüler noch dazu in der Lage sein wird, dem weiteren Unterricht zu folgen oder die nächste Jahrgangsstufe zu meistern. Umgekehrt formuliert: Sind die Lernlücken des Schülers so groß, dass er ohne zusätzliches Nacharbeiten den Rückstand kaum aufholen wird? Wenn ich diese Frage bejahe, kann eine nicht mehr ausreichende Bewertung pädagogisch

sinnvoll sein. Wichtig dabei: Hat der Schüler den Lernrückstand selbst zu verantworten oder gibt es eventuell andere Faktoren, die sein Lernen beeinträchtigen? Wenn ja, greife ich auf Nachteilsausgleiche oder Notenschutz zurück, weil sonst erfolgreiches Lernen durch unnötige Bewertung behindert wird.

Wenn ich die „Vier minus" sauber vergeben will, komme ich nicht an einer Musterlösung oder an einem Erwartungshorizont vorbei, bei dem ich für jede Teilleistung oder Aufgabe eine „Mindestanforderung" definiere, die noch als „ausreichend" gelten kann. Sicher gibt es dann einzelne Aufgaben, bei denen wenig oder gar nichts zu leisten ist, während bei anderen mehr als die Hälfte der Anforderung verlangt werden kann. Die übliche 50-Prozent-Regelung für die Definition von „ausreichend" greift in den allermeisten Fällen zu kurz, weil für jede Einzelleistung oder Teilaufgabe „ausreichend" neu zu definieren ist.

Zum Weiterlesen:

○ *Mühlhausen, U. / Wegner; W. (2006): Erfolgreicher Unterrichten?! Eine erfahrungsfundierte Einführung in die Schulpädagogik. Schneider Verlag: Hohengehren. S. 236–243.*

8 Wie vermeide ich klassische Beurteilungsfehler? – Teil 1: Unausgewogenheit

▶ 9

„Kann es sein, dass du viel zu streng bewertest?" „Wie kommst du darauf?" – Erfreulich, wenn es zu solchen Gesprächen unter Lehrern kommt. Denn sie können helfen, die Leistungsbewertung zu optimieren.

Wie unzuverlässig die Notengebung in der Schule funktioniert, ist von wissenschaftlicher Seite vielfach zweifelsfrei nachgewiesen worden. Eine in allen Fällen gerechte und faire Leistungsbewertung bleibt demzufolge eine Utopie. Dennoch lohnt sich Ihr Bemühen um eine möglichst faire Bewertung, denn Ihre Schüler werden dies sehr an Ihnen schätzen.

Eine faire Beurteilung wird Ihnen dann am besten gelingen, wenn Sie um die sogenannten klassischen Beurteilungsfehler wissen und diese vermeiden.

Es gibt zwei große Gruppen von Beurteilungsfehlern. In der ersten Gruppe geht es um unausgewogene Bewertungen, die regelmäßig zu streng oder zu nachgiebig ausfallen – etwa im Vergleich zu anderen Lehrkräften.

Zu welchem Beurteilungsfehler neigen Sie möglicherweise? Wie stellen Sie ihn fest? Wie bekommen Sie ihn in den Griff? Nehmen Sie sich einen Augenblick Zeit, um mithilfe der Tabelle darüber nachzudenken.

Beurteilungsfehler	Identifikation	Behebung
Zu streng	Ihr „Ruf" unter Schülern und Kollegen.	Tauschen Sie sich mit Kollegen über konkrete Schülerleistungen aus.
Zu nachgiebig	Sie sind bei Schülern auffällig beliebt (besonders vor den Zeugnissen); bei Kollegen eher unbeliebt.	Wenn Sie dies im Abgleich mit Kollegen feststellen, heben Sie Ihr Niveau nicht zu schnell an.
Angst vor Extremen (kaum „sehr gut", „mangelhaft" oder „ungenügend")	Durchforsten Sie Ihr Notenbuch und fragen Sie sich einmal ehrlich.	Vielleicht sollten Sie die Konzeption Ihrer Prüfungen überdenken.
Neigung zu Extremen (wenig „befriedigend" und „ausreichend")	Auch hier hilft der Blick ins Notenbuch. Sind Sie eher emotional und schwankend?	Bemühen Sie sich um gefühlsneutrale Bewertung.

Übersicht 1: Klassische Beurteilungsfehler – Unausgewogenheit

Zum Weiterlesen:

○ *Hesse, I. / Latzko, B. (2009): Diagnostik für Lehrkräfte. Barbara Budrich Verlag: Leverkusen/Berlin. S. 49–51.*

9   Wie vermeide ich klassische Beurteilungsfehler? – Teil 2: Voreingenommenheit

▶ 8

Ist eine gerechte Bewertung überhaupt möglich? Sind Lehrer nicht viel zu sehr als Mit-Erzieher und Bezugspersonen involviert, um sich ein neutrales Urteil zu bilden?

Diese Fragen sind berechtigt und verweisen auf die zweite große Gruppe von Beurteilungsfehlern, die in der Schule häufig vorkommen. Bisher ging es um unausgewogene Bewertungen, nun kommt die mögliche Voreingenommenheit des Beurteilers in den Blick. Und erneut gilt es zu fragen: Welche Fehler gibt es? Wie stelle ich sie fest? Und: Was kann ich dagegen tun?

Beurteilungsfehler	Identifikation	Behebung
Reihenfolge der Leistungen verzerrt das Urteil	Schwierig festzustellen; möglicherweise beschweren sich einzelne Schüler.	Trennen Sie Korrektur und Bewertung, indem Sie zunächst alle Arbeiten korrigieren und erst im zweiten Schritt zensieren.
Mädchen werden anders bewertet als Jungen (oder umgekehrt)	Gibt es in verschiedenen Klassen immer wieder Bewertungskritik vom gleichen Geschlecht?	Vergleichen Sie bei einer größeren Stichprobe, welche Noten Sie bei Jungen und Mädchen erteilt haben.
Vorleistungen verfälschen das Urteil	Welche Vorleistungen haben Sie bei der Korrektur und Zensierung im Kopf?	Bewerten Sie nur jene Leistung, die überprüft wurde.
Charakter oder Verhalten verfälschen das Urteil	Welche Sympathie oder Antipathie empfinden Sie für den Schüler?	Bewerten Sie ggf. anonym und holen Sie ein zweites Urteil von Kollegen ein.
Ein einmal gefälltes Urteil wird nicht wieder aufgegeben	Wie oft gestehen Sie einen Beurteilungsfehler ein und korrigieren ihn?	Nutzen Sie regelmäßig das Vier-Augen-Prinzip und tauschen Sie sich mit Kollegen in Bewertungsfragen aus.

Übersicht 2: Klassische Beurteilungsfehler – Voreingenommenheit

Zum Weiterlesen:

○ *Rhyn, H. / Moser, U. (2002): Schülerinnen und Schüler beurteilen. In: Rhyn, H. (Hrsg.): Beurteilung macht Schule. Leistungsbeurteilung von Kindern, Lehrpersonen und Schule. Haupt Verlag: Bern. S. 25–34.*

10 Eine Klassenarbeit steht an – was ich bei der Vorplanung beachten muss …

▶ 11

Sicher haben Sie im Referendariat bereits mit der Vorbereitung auf Unterrichtsbesuche und dem alltäglichen Unterricht mehr als genug zu tun. Doch wie bei den meisten Aufgaben gilt auch für Klassenarbeiten, Tests oder Klausuren: Gut geplant ist halb gewonnen!
Folgende Checkliste erleichtert Ihnen die Vorplanung einer Klassenarbeit oder Klausur:

Checkliste zur Vorplanung einer Klassenarbeit oder Klausur

KV

Aufgabe	erledigt	noch klären	nicht nötig
Genügend Zeit im Unterricht zur Vorbereitung (Stoffwiederholung), für das Schreiben und für die Nachbesprechung der Arbeit einplanen.			
Zeitlichen Puffer vorsehen, falls die Arbeit oder der Test wiederholt werden muss.			
Den Termin für die Arbeit so wählen, dass ich die Korrekturarbeit gut bewältigen kann und Überschneidungen mit anderen Arbeiten vermieden werden.			
Schon während der Unterrichtseinheit anfangen, Inhalte und mögliche Aufgaben für die Arbeit zu sammeln, um später bei der Testkonstruktion Zeit zu sparen.			
Rechtzeitige Ankündigung des Prüfungstermins. Das Schulgesetz schreibt meist eine Woche als Frist vor. Kündigen Sie Klassenarbeiten Ihren Schülern zuliebe mindestens zwei Wochen vorher an.			
Baugleiche Übungsaufgaben in den Unterricht einfließen lassen.			
Absprachen mit Kollegen treffen bezüglich Art und Inhalt der Arbeit oder des Tests.			
Alte Klassenarbeiten oder Tests nicht einfach übernehmen, sondern immer geringfügig anpassen – auch um Täuschungsversuchen vorzubeugen.			

Webcode: ER163083-001

Zum Weiterlesen:
○ *Sacher, W. (2004): Leistungen entwickeln, überprüfen und beurteilen. Verlag Julius Klinkhardt: Bad Heilbrunn. S. 55–61.*

11 Wie konzipiere ich eine Klassenarbeit und formuliere gute Aufgaben?

 12

Der Termin der Klassenarbeit rückt unaufhaltsam näher. Ob Sie wollen oder nicht: Sie müssen an die Arbeit gehen und Aufgaben auswählen oder konstruieren, die zum Unterricht passen.

Eine Aufgabe besteht aus drei Teilen:

1. Dem Informationsfeld. Hier werden die Ausgangsbedingungen beschrieben.
2. Dem Fragefeld, das die eigentliche Aufgabe formuliert. Das Fragefeld kann auch in Form einer Aufforderung formuliert werden.
3. Dem Antwortfeld. Das Antwortfeld verrät, um welche Aufgabenform es sich handelt.

Es gibt drei Formen von Aufgaben:

Aufgabe	Beschreibung und Beispiele	Vor- und Nachteile
geschlossen	*Kreuze das Richtige an.* *Der Wal ist:* ☐ *ein Fisch* ☐ *ein Säugetier* *Die Sätze sind durcheinandergeraten.* *Wie müssen sie richtig heißen? Verbinde.* *Lückentext mit vorgegebenen Lücken-wörtern* *Bringe folgende Wörter in die richtige Reihenfolge …*	○ am besten für Reproduktion geeignet ○ benötigen mehr Zeit bei der Konzep-tion (der Antworten) ○ sparen viel Zeit bei der Korrektur ○ vom Prüfling schneller zu bearbeiten, sodass mehr Aufgaben bearbeitet wer-den können ○ Nachteil: Schüler werden zum Raten verführt! ○ keine Prozessdiagnose möglich ○ Messfehler gering
halboffen	*Kurze Fragen, die oft mit einem einzigen Wort oder einer Zahl zu beantworten sind* *Lückentext ohne Lückenwörter* *Schüler muss eingebaute Fehler finden und Verbesserung vorschlagen*	○ teilweise auch für Anwendung und Transfer geeignet ○ leichter zu konstruieren als geschlos-sene Aufgaben ○ klarer Erwartungshorizont für die Kor-rektur notwendig ○ für anspruchsvollere Aufgaben geeig-net ○ werden leicht mit offenen Aufgaben verwechselt, wenn nicht eindeutig for-muliert ist, dass eine bestimmte Ant-wort erwartet wird (!)

Aufgabe	Beschreibung und Beispiele	Vor- und Nachteile
offen	*Aufsatz zu einem vorgegebenen Thema* *Nimm Stellung zu …* *Interpretiere die Kurzgeschichte …*	○ für anspruchsvolle Verstehensleistungen sowie für Anwendung und Transfer geeignet ○ zum Erfassen kreativer Leistungen ○ aufwendig in der Korrektur ○ konstruktives Feedback zur erbrachten Leistung ist notwendig, aber sehr zeitraubend ○ Leistung nur schwer vergleichbar mit Mitschülern

Übersicht 3: Vor- und Nachteile der Aufgabenformen

Sorgen Sie für eine gute Mischung aus verschiedenen Aufgabenformen – insbesondere wenn Sie Reproduktion, Anwendung und Transfer prüfen möchten. Bedenken Sie den Korrekturaufwand für offene Aufgaben. Schätzen Sie Ihren Zeitaufwand für die Korrektur einer offenen Aufgabe ab und multiplizieren Sie diesen mit der Klassenstärke. Das wird Ihnen bei der Entscheidung helfen, ob Sie neben einer offenen Aufgabe noch eine zweite stellen möchten. Verwenden Sie Aufgabentypen und -formate, die bereits im Unterricht geübt wurden.

Wenn Sie alle Aufgaben für die Klassenarbeit formuliert haben, lassen Sie diese – wenn irgend möglich – von einer Person gegenlesen, die nichts vom Stoffgebiet versteht und die Sie frei kritisieren darf, ohne Nachteile zu befürchten. Eine eindeutige Formulierung der Aufgaben erspart Ihnen später lästige Rückfragen im Klassenraum.

Legen Sie die Reihenfolge der Aufgaben so fest, dass nicht die leichteste Aufgabe am Anfang steht, aber auch nicht die schwierigste am Ende wartet, wenn die Konzentration der Prüflinge bereits nachlässt. Eine gute Mischung aus leichten und schweren Aufgaben im Wechsel ist meist die beste Variante.

Verwenden sie viel Sorgfalt auf die Formulierung einer Musterlösung. So wird Ihnen die Korrektur später viel leichter fallen.

Zum Weiterlesen:

○ Büchter, A. (2004): Multiple Choice im Schulalltag. In: Eikenbusch, G. / Leuders, T. (Hrsg.) (2004): Lehrer-Kursbuch Statistik. Alles über Daten und Zahlen im Schulalltag. Cornelsen Verlag Scriptor: Berlin. S. 135–152.

○ Eikenbusch, G. (2004): Handmade-Tests in der Schule. In: Eikenbusch, G. / Leuders, T. (Hrsg.) (2004): Lehrer-Kursbuch Statistik. Alles über Daten und Zahlen im Schulalltag. Cornelsen Verlag Scriptor: Berlin, S. 153–184.

12 Wie finde ich das richtige Niveau?

Wie gelingt es Ihnen, eine Klassenarbeit so zu konzipieren, dass stärkere Schüler zeigen können, was in ihnen steckt, während schwächere nicht gleich aufgeben?

Sie kennen Ihre Schüler aus dem Unterricht am besten und wissen, wie heterogen Ihre Lerngruppe ist. Beobachten Sie einzelne Schüler bei Übungsaufgaben mit Blick auf die Uhr, um ihr Leistungsvermögen abzuschätzen.

Für stärkere Schüler können sie bei der Klassenarbeit Zusatzaufgaben vorsehen, die diese aber erst dann lösen dürfen, wenn sie den Pflichtteil erledigt haben. Solche Aufgaben schaffen zudem einen zeitlichen Puffer, der ein störungsfreies Beenden der Klassenarbeit für alle ermöglicht.

Für schwächere Schüler konzipieren Sie einfachere Reproduktionsaufgaben, mit denen diese zeigen können, ob sie in der Lage sind, eine ausreichende Leistung zu erbringen.

Um aus einem größeren Aufgaben-Pool zu schöpfen, sind ältere Klassenarbeiten zum gleichen Thema hilfreich. Achten Sie aber darauf, ältere Aufgaben an die Bedürfnisse und das Niveau Ihrer Lerngruppe anzupassen, und lassen Sie baugleiche Übungsaufgaben zum Trainieren in den Unterricht einfließen. Leider wird in der Schulpraxis viel zu selten von der Möglichkeit Gebrauch gemacht, unbewertet Übungsarbeiten schreiben zu lassen, aus denen Sie wertvolle diagnostische Erkenntnisse für die eigentliche Klassenarbeit gewinnen können.

Stoppen Sie die Zeit beim eigenen Anfertigen Ihrer Musterlösung und multiplizieren Sie diese – je nach Alter und Leistungsvermögen – ungefähr mit dem Faktor 3 bis 5, um abzuschätzen, wie lange die Schüler brauchen werden. Reduzieren Sie im Zweifelsfall immer die Anzahl der Aufgaben, weil das reine Arbeitstempo nie das ausschlaggebende Kriterium für die Schulleistung sein sollte.

Zum Weiterlesen:

○ *Ziener, G. (2006): Bildungsstandards in der Praxis. Kallmeyer Verlag: Velber. S. 43–80.*

13 Wie verteile ich die Punkte und ordne die Notenwerte zu?

▶ 12

Sicher haben Sie vom IHK-Schlüssel gehört, der gern in Verbindung mit der sechsstufigen Notenskala verwendet wird, um Punkte in eine Ziffernnote umzurechnen. Dieser Schlüssel nutzt immer eine Skala von insgesamt 100 Punkten oder 100 Prozent und geht davon aus, dass der Lernende mindestens die Hälfte der Punkte (Prozente) erreicht haben muss, um noch eine ausreichende Bewertung zu bekommen. Doch ist es wirklich dieser Schlüssel, mit dem Sie ausgehend von einer erreichten Punktzahl zu einer fairen Notenvergabe gelangen? Ich denke nicht, denn Sie gehen in der Schule in aller Regel von ganz anderen Voraussetzungen aus als die Industrie- und Handelskammer mit ihren stark formalisierten und standardisierten Berufsschulaufgaben.

Es empfiehlt sich, in folgenden Schritten vorzugehen, wenn Sie eine faire Bepunktung und Notenvergabe erreichen möchten:

Schritt 1: Musterlösung formulieren

Erstellen Sie zuerst eine Musterlösung, ohne Punkte zu vergeben. Sie können allenfalls mit Bleistift mögliche Teilpunktzahlen pro Aufgabe notieren, sollten aber erst dann zum zweiten Schritt übergehen, wenn die Musterlösung vollständig vor Ihnen liegt. Bedenken Sie beim Formulieren der Lösung, für welche Teilschritte und Teilantworten Sie noch Teilpunkte vergeben können.

Schritt 2: Anzahl der Punkte pro Aufgabe festlegen

Vergeben Sie nun Punkte für jede einzelne Aufgabe, ohne deren Schwierigkeitsgrad zu berücksichtigen. Achten Sie vielmehr darauf, dass Sie die Punkte bei der Korrektur eindeutig den Einzelantworten jeder Aufgabe zuordnen können, sodass der Schüler die Punktevergabe gut nachvollziehen kann. Die Berücksichtigung der verschiedenen Schwierigkeitsgrade der Aufgaben erfolgt bei Schritt 3. Arbeiten Sie lieber mit einer größeren Anzahl ganzer Punkte als mit halben Punkten und schon gar nicht mit Viertel-Punkten. Bevor Sie das tun, verdoppeln Sie einfach die Gesamtpunkte.

Schritt 3: Mindestanforderung für das Erreichen eines „Ausreichend" festlegen

Überlegen Sie jetzt bei jeder einzelnen Aufgabe, wie viele Punkte ein Prüfling erreichen muss, um noch eine ausreichende Bewertung zu erhalten. Notieren Sie diese Punkte in einer separaten Spalte oder einer anderen Farbe und bilden Sie die Summe. Sie werden sicher feststellen, dass Sie häufig nicht bei der klassischen 50-Prozent-Grenze landen, da diese vom Anforderungsniveau der einzelnen Aufgaben abhängt. Die so von Ihnen errechnete Summe markiert auf Ihrer Punkteskala die Grenze zwischen „Ausreichend" und „Mangelhaft". Die anderen Notenwerte können Sie nun mit Bleistift einzeichnen. Endgültig brauchen Sie die Zuordnung von Punkten zu Ziffernnoten aber erst festzulegen, wenn die Punktzahlen aller Schüler nach der Korrektur vorliegen.

Schritt 4: Endgültige Festlegung der Notenwerte nach erfolgter Korrektur

Beim Korrigieren schreiben Sie im ersten Durchgang noch keine Endnote unter die Arbeit oder den Test. Stattdessen ermitteln Sie nur, wie viele Punkte jeder Lernende erreicht hat, und

tragen diese Gesamtpunkte für jeden Schüler der Klasse auf Ihrer Skala ein. Wenn Sie dann die Gesamtpunkte aller Schüler vor sich sehen, ziehen Sie die endgültigen „Grenzen" für die Notenwerte auf der Skala und legen damit die Ziffernnoten fest. Dies bietet Ihnen die Chance, gegebenenfalls nach pädagogischen Gesichtspunkten zu entscheiden und die Notenwerte so festzulegen, wie Sie es für Ihre Lerngruppe als sinnvoll erachten.

Zuletzt schreiben Sie die so ermittelten Ziffernnoten in Ihr Notenbuch und auf die Schülerarbeiten. Vergessen Sie nicht, jede von Ihnen erteilte Zensur mit Datum und Unterschrift zu ergänzen.

Zum Weiterlesen:

○ Jürgens, E. / Sacher, W. (2008): Leistungserziehung und Pädagogische Diagnostik in der Schule. Grundlagen und Anregungen für die Praxis. Kohlhammer: Stuttgart. S. 92–98.

14 Worauf achte ich bei Formatierung, Layout und Vervielfältigung?

▷ 10

Die Inhalte Ihrer Klassenarbeit stehen fest, nun geht es an die Formatierung. Worauf sollten Sie im Interesse Ihrer Schüler achten?

Nutzen Sie die Checkliste, um an alles zu denken:

Checkliste zum Layout einer Klassenarbeit oder Klausur

KV

Beachtet?	JA	NEIN	nicht nötig
Ist die Schrift gut lesbar (Größe: mindestens 11 Punkt)?			
Erleichtert ein ausreichender Zeilenabstand die Lesbarkeit (mindestens 1,5-fach bei Ausnutzung der Breite einer DIN-A4-Seite)?			
Ist die Gestaltung mit Bildern dem Thema angemessen (nicht zu überladen, aber ruhig einmal ein Bildelement zur Auflockerung)?			
Werden unterschiedliche Lerntypen angemessen angesprochen?			
Gibt es auf jedem Blatt in der Kopfzeile einen Platzhalter für den Schülernamen?			
Sind die Aufgaben eindeutig nummeriert (wichtig für die Nachbesprechung im Unterricht)? (Wenn mit zwei Gruppen gearbeitet wird, empfiehlt es sich, für die eine Gruppe arabische Zahlen und für die andere Gruppe Buchstaben zur Kennzeichnung der Aufgaben zu verwenden, damit keine Verwechslung bei der Nachbesprechung möglich ist.)			
Haben die Schüler genug Platz zum Schreiben?			
Gibt es Platzhalter für die Teilpunkte pro Seite in der Fußzeile und für den Übertrag der Teilpunkte in der Kopfzeile der Folgeseite?			
Ist ausreichend Rand zum Korrigieren vorhanden?			
Gibt es am Ende der Arbeit genug Platz für persönliche Anmerkungen (Feedback etc.)?			
Gibt es am Ende der Arbeit Platzhalter für Gesamtpunkte, Note, Notenspiegel und Unterschrift eines Erziehungsberechtigten?			
Steht eine mögliche Zusatzaufgabe auf einem separaten Blatt, das ich erst ausgeben kann, wenn der Pflichtteil erledigt worden ist?			
Ist die Klassenarbeit insgesamt luftig und ansprechend gestaltet?			
Habe ich meine Musterlösung ausgearbeitet und in einer Kopie der Klassenarbeit eingetragen?			
Habe ich die Klassenarbeit in der erforderlichen Anzahl vervielfältigt?			

Webcode: ER163083-002

15 Wie korrigiere ich eine Klassenarbeit?

Die Korrektur von Klassenarbeiten und Tests verschlingt einen erheblichen Teil Ihrer Arbeitszeit. Deshalb kann es nicht schaden, wenn Sie frühzeitig Routinen entwickeln, die das Korrigieren erleichtern und zu nachvollziehbaren Bewertungen führen.

Die Grundregel: Arbeiten Sie in zwei Schritten:

Schritt 1: Korrektur und Erfassung der Punkte

Schritt 2: Benotung der Arbeiten

Nur mit dieser Arbeitsweise werden Sie dem Anspruch einer fairen und nachvollziehbaren Bewertung gerecht, weil Sie in der Lage sind, die Notenschritte nach erfolger Korrektur pädagogisch sinnvoll festzulegen oder eine Aufgabe aus der Wertung zu nehmen, die unglücklich formuliert war.

In der Regel stapeln sich die Klassenarbeiten in der umgekehrten Chronologie ihrer Abgabe auf Ihrem Schreibtisch, das heißt, die zuletzt abgegebene Arbeit korrigieren Sie zuerst. Sie sollten sich dieser Tatsache bewusst sein, weil jeder Beurteiler grundsätzlich in Gefahr steht, klassische Beurteilungsfehler zu begehen. Wenn Sie noch relativ wenig Korrekturerfahrung besitzen, kann es sicher nicht schaden, erneut einen Blick auf die Übersicht der Beurteilungsfehler zu werfen.

Bei einem Aufsatz handelt es sich bei den zuletzt abgegebenen Arbeiten mit hoher Wahrscheinlichkeit um bessere Arbeiten. Wenn Sie also eine ganze Anzahl gelungener Aufsätze korrigiert haben, geschieht es leicht, dass Ihr Urteil in Bezug auf die weniger gelungenen (kürzeren) Aufsätze durch die Reihenfolge beeinflusst wird. Bei Prüfungen, die einen Zusammenhang zwischen Qualität und Bearbeitungszeit vermuten lassen, ist es sinnvoll, die Arbeiten durchzumischen und in einer Zufallsreihenfolge zu korrigieren.

Schritt 1: Korrektur und Erfassung der Punkte

Der traditionelle Korrektur-Rotstift kann durch eine andere Farbe ersetzt werden, die sich deutlich vom Blau der Schülereinträge abhebt. Wichtiger noch als die Farbe ist die gute Lesbarkeit und inhaltliche Eindeutigkeit Ihrer Korrekturen. Von Ihnen verwendete Korrekturzeichen haben Sie vorher mit den Schülern genau abgesprochen.

Sparen Sie beim Korrigieren nicht mit Verbesserungsvorschlägen, die für das weitere Lernen des Schülers hilfreich sind. Und wenn Sie sich mit einer Korrektur geirrt haben und diese rückgängig machen wollen? Dann streichen Sie Ihre Korrektur durch und kennzeichnen mit Ihrem Handzeichen.

Parallel zur Korrektur notieren oder markieren Sie in Ihrer Musterlösung wichtige Punkte, die Sie in der Nachbesprechung im Unterricht aufgreifen möchten. Halten Sie gute und pfiffige Schülerantworten fest, um diese vom jeweiligen Schüler vorlesen zu lassen. Misslungene Antworten oder Fehler einzelner Schüler erwähnen Sie dagegen nie vor der Klasse, damit diese nicht bloßgestellt werden.

Wenn Sie alle Klassenarbeiten durchkorrigiert haben, haben Sie die Möglichkeit, eine einzelne Aufgabe aus der Wertung zu nehmen, die von (fast) allen Schülern nicht verstanden wurde oder die vielleicht einfach zu schwierig war. Falls doch einzelne diese Aufgabe lösen konnten, gleichen Sie mit Zusatzpunkten eine Benachteiligung aus.

Schritt 2: Benotung der Arbeiten

Erst jetzt, wenn Sie alle Schülerleistungen mit Namen auf Ihrer Punkteskala eingetragen haben, legen Sie die Vergabe der Ziffernnoten endgültig fest.

Zuallerletzt blättern Sie erneut alle Klassenarbeiten durch, um die Ziffernnote unter die Gesamtpunktzahl zu schreiben. Jede erteilte Zensur zeichnen Sie mit Datum und Unterschrift ab. Zuletzt bereiten Sie den Notenspiegel (wenn möglich mit Punkteverteilung) vor, um ihn in der Nachbesprechung an die Tafel zu schreiben.

Zum Weiterlesen:

○ *http://www.lehrerfreund.de/schule/kat/Bewertung-Korrigieren (letzter Zugriff am 02.09.2013)*

Leider hat das Spicken eine lange Tradition und es ist erstaunlich, wie kreativ Schüler auf diesem Gebiet werden können. Sicher ist es kein Fehler, wenn Sie die gängigsten Spick-Methoden kennen.

Bei einer Klassenarbeit sind Sie zu Beginn mit dem geordneten Ablauf, der Disziplin und wichtigen Ansagen so sehr beschäftigt, dass Ihnen die erste große Gruppe von Mogel-Methoden leicht entgehen kann: Die Präparierung des Klassenzimmers mit verbotenen Hilfsmitteln, die für Sie jederzeit sichtbar sind. Das können Lernplakate an der Wand sein, aber auch Zettel auf der Fensterbank, Fensterbilder, Texte an der Tafel, Anhänge in der Nähe des Mülleimers oder des Waschbeckens oder an anderen Orten, wo die Prüflinge während der Arbeit hingelangen können.

Weitaus größer ist die Palette der Spick-Methoden in der zweiten Gruppe. Hier geht es darum, verbotene Hilfsmittel zu benutzen, die vor den Lehreraugen versteckt werden. Um nur die gängigsten Verfahren zu nennen: Schreibwerkzeuge lassen sich manipulieren und sind dafür besonders beliebt. Füller lassen sich mit Infos bekleben, die beim Schreiben unter den Fingern verborgen sind. In durchsichtigen Kugelschreibern aus Acryl können leicht Zettel mit kleiner Schrift versteckt werden und das Glas hat unter einem bestimmten Blickwinkel eine vergrößernde Wirkung. Orange, sechseckige Stabilo-Stifte sind zum Spicken besonders beliebt, weil sich ihre Oberfläche gut beschriften lässt. Die modernere Variante sind UV-Kugelschreiber mit spezieller farbloser UV-Tusche. Unter normalen Lichtverhältnissen ist die Schrift unsichtbar, sie wird nur unter UV-Licht lesbar. Als UV-Lichtquelle dient ein unauffälliger Kugelschreiber, der eine UV-Lampe eingebaut hat, die auf Knopfdruck leuchtet. Diese Geräte sind nicht einmal teuer und können in jedem gut sortierten Nippes-Laden oder über das Internet erworben werden.

Grundsätzlich kann alles, was in greifbarer Nähe ist, vom Schüler mit Spickern versehen sein: Lineal, Mäppchen, Taschenrechner(deckel), Wasserflasche mit ausgetauschtem Etikett aus dem Internet, Apfel, Schokoriegel, Bonbons (warum keine ganze Wissens-Ansammlung in den Papieren?), Schultasche, Papiere, Spiralblock (die Falz am Rand des Blocks, die beim Abreißen der Blätter übrig bleibt!). Praktisch ist, dass sich Bleistift von den meisten Gegenständen schnell mit etwas Speichel entfernen lässt. Besondere Aufmerksamkeit verdienen erlaubte Hilfsmittel wie Duden und Wörterbücher.

Tische oder Gardinen können ebenso präpariert sein wie die eigene Körperoberfläche. Auch die Kleidung bietet zahlreiche Versteckmöglichkeiten. Vielleicht steckt der Spickzettel sogar einfach unter einem Hinterteil.

Der Computer ist ein hervorragendes Hilfsmittel zum Produzieren von Spickzetteln. Extrem kleine Schrift oder ein Ausdruck in einer sehr hellen Graustufe sind aus einiger Entfernung kaum zu erkennen. Bedruckte Folien eignen sich bestens für die Fensterbank oder einen Heizköper, da sie kaum ins Auge fallen.

Mit einem festen Stift lassen sich Blätter durch Prägen mit umfangreichen Textmengen füllen. Der Spickzettel kann auch verschlüsselt sein, sodass der Produzent das Mogeln einfach abstreiten kann.

Wenn Radiergummis, Lineale, Taschentuch-Päckchen und andere Gegenstände ausgeliehen werden, können diese als Informations-Container dienen, und auf dem Gang zur Toilette ist der ungestörte Blick auf den Spickzettel sowieso kein Problem.

Handys und Smartphones sind dank eingebauten Kameras, umfangreichen Speichern, SMS, Bluetooth und ggf. Internetzugang wahre Mogel-Alleskönner. Dies gilt ebenso für MP3-Player und elektronische Uhren mit Datenbank-Funktionalitäten. Noch unauffälliger dürfte die normale Uhr sein, wenn sie durch eine aufgeklebte Folie mit nützlichen Infos versehen ist.

Zum Weiterlesen:

○ *https://www.das.de/de/rechtsportal → Schule & Unterricht → Noten & Zeugnis → Täuschungsversuch Klausur (letzter Zugriff am 26.09.2013)*

Aufregend und lästig für alle Beteiligten wird das Mogeln erst dann, wenn es auffliegt. – Wie lassen sich Täuschungsversuche erschweren? Die folgende Checkliste bietet Ihnen eine Reihenfolge an, nach der Sie vor und während einer Klassenarbeit oder Klausur vorgehen können:

Checkliste zur Prävention von Täuschungsversuchen

Maßnahme	erledigt
Klassenarbeit und ggf. Klassenarbeitshefte sowie benötigtes Zusatzpapier sind in ausreichender Anzahl vorhanden (sodass die Schüler kein eigenes Papier beschriften müssen).	
Raum ist kontrolliert auf sichtbar angebrachte verbotene Hilfsmittel (wenn möglich, bevor die Schüler den Raum betreten).	
Erlaubte Hilfsmittel wie Duden und Wörterbücher sind kontrolliert.	
Schüler nehmen nur das Allernotwendigste mit an ihren Platz. Taschen und Jacken werden separat aufbewahrt.	
Sitzordnung ist so gewählt, dass die Schüler möglichst weit voneinander entfernt sitzen und schlecht zum Nachbarn schauen können.	
(In engen Räumen: Wechsel in größeren Raum überdenken oder Sichtschutz anbringen, z. B. durch Aktenordner zwischen den Sitznachbarn.)	
Alle elektronischen Geräte (Handys, Player, Uhren) sind bei mir abgegeben.	
Schüler sind klar auf die Regeln und auf die Folgen eines Täuschungsversuchs hingewiesen.	
Während der Klassenarbeit: Präsenz zeigen und Schüler beobachten.	
Schüler mit Einzelfragen nach vorn kommen lassen, um weiter alle im Blick zu haben.	
Blätter mit der Schrift nach unten austeilen; alle Schüler drehen auf meine Aufforderung gleichzeitig um und beginnen mit der Arbeit.	
Geordnete Rückgabe der Arbeit: Zuerst gibt jeder Schüler seine Klassenarbeit zurück, dann erst holt er seine Tasche.	
Anhand einer Klassenliste alle abgegebenen Arbeiten abgehakt und eventuelle Nachschreiber identifiziert.	

KV

Webcode: ER163083-003

Zeigen Sie bei Täuschungsversuchen keinerlei Mitgefühl und setzen Sie zuvor vereinbarte Regeln mit aller Konsequenz durch, auch wenn es Ihnen schwerfällt.

In meinem Unterricht wende ich zwei Grundregeln bei Klassenarbeiten an, die meine Schüler kennen:

Regel 1: Beobachte ich einen Täuschungsversuch und kann ihn beweisen, weil ein Spickzettel vorliegt, bewerte ich die Arbeit sofort mit „6".

Regel 2: Abschreiben beim Nachbarn ahnde ich wie im Fußball: zuerst Gelb = ansprechen und Namen an die Tafel schreiben, dann Rot – also „6" – mit der Option, eventuell vor Gelb zuerst unauffällig zu verwarnen, ohne dass die Mitschüler dies mitbekommen.

Wenn es mir pädagogisch sinnvoll erscheint, weiche ich im Einzelfall von diesen Regeln ab. Bei schwierigen Schülern ist es bisweilen sinnvoll, Täuschungsversuche pädagogisch zu nutzen. Abgestufte Sanktionen können dann sein:

- Der Spickzettel wird abgenommen und der Mogler wird durch Anschreiben an die Tafel verwarnt.
- Ich gebe die Gelegenheit, die Arbeit mit veränderter Aufgabenstellung nachzuschreiben. Dies bietet sich an, wenn sowieso Schüler fehlen und nachschreiben müssen.
- Die Sanktion wird erlassen, um einen Draht zum Schüler oder zur ganzen Klasse aufzubauen. Diese Variante wirkt jedoch nur, wenn sie äußerst selten eingesetzt wird. Andernfalls büßen Sie rasch Ihre Glaubwürdigkeit ein.

Dringend abzuraten ist von folgenden Verhaltensweisen:

- Abzug von Punkten: Das wäre ein klarer Verstoß gegen die Chancengleichheit.
- Laut und emotional auf den Täuschungsversuch reagieren, statt Ruhe zu bewahren. Die störungsfreie Weiterarbeit der Klasse hat absoluten Vorrang.
- Bloßstellen des Moglers vor der Lerngruppe.
- Bis zum Ende der Prüfung mit der Reaktion abwarten: Hier handelt es sich ebenfalls um einen Verstoß gegen die Chancengleichheit, weil der innerlich zappelnde Schüler sich kaum noch konzentrieren kann.
- Die Klassenarbeit für die ganze Klasse wiederholen: Das ist unzulässig.

Zum Weiterlesen:
○ *Hoegg, G. (2007): Schulrecht. ((Verlag, Ort?)). S. 145–151.*
○ *http://www.lehrerfreund.de/schule/kat/spicken-schummeln (letzter Zugriff am 02.09.2013)*

19 Nervige Nachschreiber und Wiederholungsarbeiten – wie gehe ich damit um?

Jeder Lehrer kennt sie und jeder hasst sie, wenn auch nicht als Personen: die Nachschreiber. Kaum eine Klassenarbeit oder Klausur, bei der nicht mindestens ein Schüler fehlt, der dann zu einem späteren Termin nachschreibt. Je nach Art der Arbeit kann es dafür sogar notwendig sein, die Aufgabenstellung zu verändern. Streng genommen ist auch beim Nachschreiber zu beachten, dass die rechtlich vorgeschriebene Frist für die rechtzeitige Ankündigung des Prüfungstermins eingehalten werden muss. Zwingen Sie einen Nachschreiber nie dazu, noch am Tag seiner Rückkehr in die Schule eine versäumte Arbeit nachzuschreiben! Dass viele Ihrer Kollegen leider genau das tun, sollte Sie nicht davon abhalten, es besser zu machen und die Spielregeln zugunsten des Betroffenen einzuhalten. In jedem Fall müssen Sie mit der Rückgabe abwarten, bis auch die nachgeschriebene Arbeit korrigiert ist.

Prüfen Sie beim potentiellen Nachschreiber auch eine sehr reizvolle Alternative: Vielleicht muss dieser die versäumte Arbeit gar nicht nachschreiben, weil Ihnen bereits genügend Leistungsdaten vorliegen, um ihn angemessen zu bewerten.

Ebenso „beliebt" bei den Lehrern sind Arbeiten oder Klausuren, die so schlecht ausfallen, dass sie wiederholt werden müssen – und das zu allem Überfluss mit neuen Aufgaben! Vielleicht ist es für Sie dann ein kleiner Trost angesichts der vielen Zusatzarbeit, dass es im Hinblick auf einen gesteigerten Lernerfolg Ihrer Schüler kaum eine bessere Trainingsmethode als Wiederholungsarbeiten gibt.

Die genauen Bestimmungen, ab welchem Anteil nicht mehr ausreichender Bewertungen eine Arbeit oder Klausur wiederholt werden muss, erfahren Sie bei Ihrem Fachleiter oder Schulleiter. Eine schriftliche Arbeit muss in der Regel wiederholt werden, wenn mehr als ein Drittel der Prüflinge schlechter als ausreichend abgeschnitten haben. In Hessen existiert bei bis zu 50 Prozent nicht mehr ausreichender Klassenarbeiten die Möglichkeit, die Arbeit durch den Schulleiter nach Rücksprache mit dem Fachleiter genehmigen zu lassen. Bei mehr als 50 Prozent „unter dem Strich" gibt es keine Alternative, und die Arbeit muss in jedem Fall wiederholt werden.

Eine unerwartet hohe Anzahl mangelhafter Arbeiten sollte immer genau analysiert werden, um mögliche Ursachen festzustellen und im Unterricht angemessen darauf zu reagieren. Am besten betrachten Sie dabei Aufgabe für Aufgabe, um die größten Fehlerquellen genau zu identifizieren.

Zum Weiterlesen:
○ *Staupe, J. (2007): Schulrecht von A–Z. Deutscher Taschenbuch Verlag: München. S. 135–138.*

20 Nachteilsausgleich und Notenschutz – was ich darüber wissen sollte ...

Der dritte Artikel unseres Grundgesetzes schreibt vor, dass niemand wegen seiner Behinderung benachteiligt werden darf. Auf diese Rechtsgrundlage lassen sich letztlich auch die Regelungen zum sogenannten Nachteilsausgleich und Notenschutz zurückführen. Zwar können Spezifika der Ausgestaltung in den Bundesländern voneinander abweichen, doch immer gilt, dass Sie dafür verantwortlich sind, in der Schule kein Kind zu benachteiligen. Bei der Leistungsbewertung gilt es im Fall einer Benachteiligung des Kindes für Ausgleich zu sorgen. Man spricht dann vom „Nachteilsausgleich".

Der Nachteilsausgleich verschafft einem benachteiligten Schüler günstigere Bedingungen, damit eine Leistungsbewertung erfolgen kann. Mögliche Nachteilsausgleiche sind zum Beispiel:

- längere Arbeitszeiten,
- technische oder didaktische Hilfs- oder Arbeitsmittel (Wörterbücher, sonstige Bücher, Laptop, Kassettenrekorder, Arbeitsblätter mit größerer Schrift, größeren Linien, spezielle Stifte etc.),
- eine veränderte Aufgabenstellung (insbesondere bei Schwierigkeiten in den Fächern Deutsch, Fremdsprachen oder — in der Grundschule — beim Rechnen),
- Ersatz einer schriftlichen Prüfung durch eine mündliche, z. B. durch das Aufsprechen eines Aufsatzes auf Band,
- längere und häufigere Pausen, ein ungestörter Arbeitsplatz, individuelle personelle Unterstützung,
- größere Genauigkeitstoleranz (z. B. in Geometrie, beim Schriftbild oder in zeichnerischen Aufgabenstellungen),
- individuelle Sportübungen.

Erst wenn in einem bestimmten Fach oder Leistungsbereich die Benachteiligung so gravierend ist, dass eine Leistungsbewertung entweder sinnlos oder unmöglich wird, kommt der Notenschutz infrage. Beim Notenschutz wird die Bewertung für eine bestimmte Zeitspanne ausgesetzt. In meinem Bundesland Hessen entscheidet die Klassenkonferenz darüber, ob ein Nachteilsausgleich oder ein Notenschutz gewährt wird. In Hessen benötigt die Klassenkonferenz für den Notenschutz kein außerschulisches Gutachten. Während die Bewertung ausgesetzt wird, soll jedoch eine Förderung im betroffenen Lernbereich stattfinden. Völlig anders sieht es dagegen in Bayern aus. Dort wird Art und Ausgestaltung des Nachteilsausgleichs vom zuständigen Schulpsychologen aufgrund eines externen psychologischen Gutachtens festgelegt. Am häufigsten werden diese Regelungen eingesetzt, wenn besondere Schwierigkeiten beim Lesen, Schreiben und Rechtschreiben (LRS oder Legasthenie) oder beim Rechnen (Dyskalkulie) auftreten. Da die Bestimmungen von Bundesland zu Bundesland sehr unterschiedlich sind, informieren Sie sich am besten bei erfahrenen Kollegen oder fragen bei Ihrer Schulleitung nach.

Üblicherweise müssen die Erziehungsberechtigten einen Nachteilsausgleich oder Noten-schutz für Ihr Kind in der Schule beantragen. In der Praxis sind sie aber häufig nicht ausrei-chend darüber informiert. Als verantwortungsbewusster Fachlehrer werden Sie die Eltern gut beraten und nicht auf Formalitäten bestehen, wenn Sie eine Benachteiligung bei einem Schüler feststellen.

Die Eltern sind dann darüber zu informieren, welche Form des Nachteilsausgleichs die Schule bei ihrem Kind umsetzen möchte. Oft existieren Vorschriften, die es verbieten, einen Nachteilsausgleich im Zeugnis zu vermerken – ein Aspekt, der besonders für Bewerbungs-oder Abschlusszeugnisse von Bedeutung ist.

In der schulischen Praxis kommt es immer wieder zu Streitfällen und ideologischen Gra-benkämpfen. Auf der Suche nach tragfähigen Lösungen ist die Frage hilfreich, ob der förder-orientierte Dialog mit dem Schüler und dessen Wohl im Mittelpunkt stehen.

Zum Weiterlesen:

○ *Staupe, J. (2007): Schulrecht von A–Z. Deutscher Taschenbuch Verlag: München. S. 135–138.*

○ *http://www.schulberatung.bayern.de → Pädagogische, psychologische Fragestellungen → Lern- und Leistungsschwierigkeiten (letzter Zugriff am 26. 09. 2013) (Hier können Sie ein noch breiteres Angebot zum Thema Nachteilsausgleich abrufen.)*

21 Wie gebe ich eine Klassenarbeit zurück?

Wenn Sie eine Klassenarbeit oder Klausur zurückgeben, geht es im Unterricht leicht chaotisch zu. Planen Sie deshalb sorgfältig mit der Checkliste:

Checkliste zur Rückgabe einer Klassenarbeit oder Klausur

KV

Maßnahme	erledigt	nicht nötig
Freundliche Begrüßung und kurze Zusammenfassung des Ergebnisses aus meiner Sicht. („Ich war mit euren Leistungen überhaupt nicht / nicht ganz / einigermaßen / sehr zufrieden.")		
Anschreiben des Notenspiegels (wenn möglich mit Punkteverteilung) und der Durchschnittsnote.		
Austeilen der Arbeiten durch mich, falls mündliche Kurzkommentare notwendig sind. Wenn die schriftlichen Kommentare auf den Arbeiten ausreichen, teilt der Austeildienst oder ein zuverlässiger Schüler aus.		
Aufforderung an die Schüler, die Addition ihrer Teilpunkte zu kontrollieren.		
Wenn Fehler gemeldet werden, den betreffenden Schüler zum Pult bitten, um dort sorgfältig zu prüfen, ob wirklich ein Bewertungsfehler vorliegt. Wenn ja: Korrigieren. WICHTIG: Falls sich die Note verändert, die neue Note mit dem Vermerk „geändert" versehen und mit Datum und Handzeichen abzeichnen.		
Mit den Schülern vereinbaren, wie die Verbesserung erfolgen soll und ob sie zum Beispiel mit Bleistift Anmerkungen in der Originalarbeit anbringen dürfen, um später ordentlich zu verbessern.		
Ausführliche Besprechung der einzelnen Lösungen in einer Schüler-Schüler-Redekette.		
Unterstützende Visualisierung auf OHP oder an der Tafel, damit alle Schüler die richtigen Lösungen übernehmen können.		
Während der Unterrichtsstunde oder als Hausaufgabe die Verbesserung in Reinschrift im (Klassenarbeits-)Heft vornehmen lassen.		
In der nächsten Stunde sorgfältig kontrollieren, ob alle Erziehungsberechtigten die Zensuren unterschrieben haben.		
Verbesserungen der Schüler kontrollieren und ggf. zu Nachbesserungen auffordern.		

Webcode: ER163083-004

22 Eben noch Prüfling und jetzt schon Prüfer – wie bewältige ich diesen Rollenwechsel?

▶ 23
▶ 27

Abschlussprüfungen, mündliche Prüfungen, Präsentationsprüfungen, Abiturprüfungen bestimmen den Jahresrhythmus der Sekundarschulen. – Gut möglich, dass Sie während Ihres Referendariats einmal auf die Seite der Prüfer wechseln.

Einige rechtliche Basics geben Ihnen Handlungssicherheit, wenn Sie in die Rolle des Prüfers schlüpfen müssen: Eine Prüfung hat aus rechtlicher Sicht einen besonderen Stellenwert, weil mit ihrer Hilfe festgestellt wird, ob ein Schüler für einen weiterführenden Bildungsgang geeignet ist oder ob und auf welchem Leistungsstand er das Ziel eines Bildungsgangs erreicht hat. In Prüfungsordnungen werden die Prüfungsfächer und -aufgaben festgelegt. Diese Regelungen zielen darauf ab, dass die Chancengleichheit der Kandidaten ebenso gewährleistet ist wie ein faires Prüfungsverfahren.

Bei zentralen Abschlussprüfungen werden Prüfungsaufgaben vom jeweiligen Kultusministerium für ein ganzes Bundesland einheitlich festgelegt. Wer die Prüfung nicht besteht, hat in der Regel die Möglichkeit zu wiederholen. Manchmal ist auch eine zweite Wiederholungsprüfung erlaubt. Von einer Wiederholung, weil die erste Prüfung nicht bestanden wurde, unterscheidet sich der Fall, dass ein ordnungsgemäßer Rücktritt wegen Krankheit vorlag. Dieser ist zumeist von einem Amtsarzt zu attestieren, sodass der Kandidat zu einem Nachholtermin erneut antreten darf und sein Recht auf Wiederholung behält.

In der Regel ist bei jeder Schulart durch das jeweilige Bundesland festgelegt, ob und welche Prüfung für den Zugang und den Abschluss erforderlich ist. Folgende Eckpunkte sind aus rechtlicher Sicht im Grunde genommen für jede Prüfung bedeutsam:

- Es gibt einen Prüfungsausschuss, der so zu besetzen ist, wie die Prüfungsordnung es vorsieht. Informieren Sie sich vor der Prüfung darüber, in welcher Funktion Sie im Prüfungsausschuss tätig sein sollen!

- Der Prüfling – also der Schüler – muss vor Beginn der Prüfung gefragt werden, ob er prüfungstauglich ist, das heißt, ob er sich fit genug fühlt, die Prüfung ohne Unterbrechung durchzuführen. Demnach entscheidet der Prüfling, ob er die Prüfung antritt oder nicht! Wird dem Prüfling während der Prüfung unwohl – das ist in der Schule nicht ungewöhnlich –, muss er normalerweise zum Amtsarzt geschickt werden, der darüber entscheidet, ob er prüfungsfähig ist oder ob er zu einem späteren Zeitpunkt erneut antreten darf. Im letzteren Fall behält der Prüfling sein Recht auf Wiederholung, falls er nicht besteht.

- Auf die Folgen von Täuschungsversuchen und unerlaubten Hilfsmitteln muss hingewiesen werden. Dies ist für das Abitur zwingend vorgeschrieben.

- Als Prüfer müssen Sie nachweisen, dass Sie über die fachliche Qualifikation für die Prüfung verfügen. Hier zählt nur ihr anerkanntes Fachstudium oder eine Prüfungsbefähigung, die Ihnen von der vorgesetzten Behörde ausdrücklich verliehen wurde.

- Sie sollten wissen, dass der Prüfling rechtlich gesehen eine sogenannte Befangenheit des Prüfers geltend machen kann, die etwa dann vorliegen könnte, wenn der betroffene Schüler von Ihnen regelmäßig schlecht bewertet wurde. Damit Sie auf der sicheren Seite sind, sollten Sie bei solchen Fragen immer zugunsten des Prüflings verfahren und in Abstimmung mit Ihrer Schulleitung lieber einen Kollegen zur Vertretung in die Prüfung bitten, sodass Ihnen unnötiger Ärger erspart bleibt.

- Inhaltlich gilt bei jeder Prüfung der Grundsatz: Der Prüfungsstoff muss aus dem Lehrstoff folgen. Damit sind die Inhalte gemeint, die im regulären Unterricht behandelt wurde. Hat der Kandidat den Unterricht versäumt, ist das grundsätzlich sein eigenes Problem und er muss den Stoff selbstständig nacharbeiten.

- Vorgeschriebene Zeitpläne sind peinlich genau einzuhalten, weil sonst Verfahrensmängel geltend gemacht werden können. Auch Störungen von außen durch extreme Hitze oder starken Lärm stellen Mängel dar. Der Prüfling muss jedoch unverzüglich auf diese Mängel aufmerksam machen, sodass die Prüfungsleitung bei Bedarf die Prüfung unterbrechen und den Mangel beheben kann.

- Bei schriftlichen Prüfungen ist besondere Sorgfalt geboten, wenn es um das Ausrechnen erreichter Punktzahlen und die Festlegung der Bewertung geht. Falls hier ein Fehler auftritt, der Ihnen angelastet werden kann, kann es zu Konflikten mit Rechtsfolgen kommen.

Zum Weiterlesen:
○ *http://www.danisch.de/Uni/Pruefrecht (letzter Zugriff am 02.09.2013)*

Jahr für Jahr treten Tausende von Abiturienten zum Abitur an. Dies bedeutet viel Arbeit für Gymnasien und die betroffenen Lehrkräfte – möglicherweise auch für Sie während Ihres Referendariats.

Die Schüler müssen sich zu einem festgesetzten Termin zur Abiturprüfung anmelden. Für die Zulassung sind bestimmte Anforderungen zu erfüllen. Die Prüfung umfasst vier oder fünf Prüfungsfächer (mindestens drei schriftliche und ein mündliches). Davon müssen mindestens zwei Fächer mit erhöhtem Anforderungsniveau sein und zwei der drei Fächer Deutsch, Fremdsprache und Mathematik. Außerdem müssen alle drei Aufgabenfelder vertreten sein: das sprachlich-literarisch-künstlerische, das gesellschaftswissenschaftliche und das mathematisch-naturwissenschaftlich-technische.

Die Aufgaben werden entweder zentral durch das Kultusministerium gestellt oder von den Lehrern der Schulen verfasst und durch die Schulaufsichtsbehörde genehmigt. Die Länder können vorsehen, dass eine besondere Lernleistung (Jahres- oder Projektarbeit) als fünftes Prüfungselement eingebracht wird.

In die Gesamtqualifikation und die Abiturdurchschnittsnote gehen die Prüfungsleistungen und die Leistungen aus der Qualifikationsphase ein. Die Allgemeine Hochschulreife wird zuerkannt, wenn in der Gesamtqualifikation mindestens ausreichende Leistungen (Durchschnittsnote 4) erreicht wurden. Bis auf Rheinland-Pfalz existiert inzwischen in allen Bundesländern das Zentralabitur, zumindest in den Hauptfächern.

Folgende Informationen über den Ablauf und die Zuständigkeiten der Abiturprüfung sollte man kennen:

Es gibt an jedem Gymnasium eine Prüfungskommission, die aus mindestens drei Mitgliedern besteht, eines davon ist der Schulleiter oder sein Vertreter. Für die einzelnen Fächer des Abiturs existieren Fachausschüsse mit ebenfalls drei Mitgliedern. Hier finden Sie als Referendar für Ihre Unterrichtsfächer die besten Ansprechpartner für alle Fragen zum Abitur in Ihrem Fach.

Der Vorsitzende der Kommission und die Vorsitzenden der Fachausschüsse sind dafür verantwortlich, dass die Bestimmungen eingehalten werden. Ebenso überwachen sie die einheitliche und vergleichbare Bewertung der Prüfungsleistungen. Diese Personen haben auch das Recht, in die Prüfungen einzugreifen und selbst Fragen zu stellen.

Wenn die Schule Aufgaben vorschlägt, müssen mehr Aufgaben zur Genehmigung vorgelegt werden, als später zum Einsatz kommen. Die Aufgaben sind mit Erwartungshorizont und Bewertungskriterien zu versehen. Die Schule muss sicherstellen, dass die Aufgaben bis zur Prüfung geheim gehalten werden.

Bei der Korrektur führen schwerwiegende und gehäufte Verstöße gegen die sprachliche Richtigkeit oder gegen die äußere Form zu einem Abzug von bis zu zwei Punkten in einfacher Wertung – allerdings nur, wenn die sprachliche Richtigkeit nicht bereits Gegenstand der fachlichen Bewertung war.

Jede schriftliche Abiturarbeit wird zuerst vom zuständigen Fachlehrer korrigiert, beurteilt und bewertet. Dann wird die Arbeit von einem zweiten Fachlehrer durchgesehen, der sich entweder anschließt oder eine eigene Beurteilung mit Bewertung anfertigt. Der Vorsitzende der Prüfungskommission oder die Schulaufsicht legt die endgültige Bewertung fest. Das Bewertungsergebnis erfährt der Prüfling in der Regel vor der mündlichen Abiturprüfung.

Die mündliche Abiturprüfung findet in einem Fach statt, das nicht bereits schriftlich geprüft wurde. In der Regel wird sie als Einzelprüfung durchgeführt und dauert 20 Minuten, wobei der Prüfling sich 20 Minuten lang auf die Aufgabe vorbereiten darf. Über die Prüfung wird ein Protokoll angefertigt. Der zuständige Fachlehrer schlägt eine Bewertung vor, der Fachausschuss setzt unter Berücksichtigung des Protokolls die Note fest.

Eine nicht bestandene Abiturprüfung kann nur einmal wiederholt werden. Dabei müssen alle Prüfungsteile wiederholt werden. Eine schon bestandene Abiturprüfung kann dagegen nicht wiederholt werden. Die rechtlichen Vorgaben zum Abitur in Ihrem Bundesland können Sie auf dem Internetportal Ihres Kultusministeriums nachlesen.

Zum Weiterlesen:

○ *Holmeier, M. (2013): Leistungsbeurteilung im Zentralabitur. Springer Fachmedien: Wiesbaden. S. 37–65.*

○ *http://www.kmk.org/?id=1681 (letzter Zugriff am 02. 09. 2013)*

○ *http://www.kmk.org/bildung-schule/allgemeine-bildung → Sekundarstufe II /Gymnasiale Oberstufe → Vereinbarung zur Gestaltung der gymnasialen Oberstufe in der Sekundarstufe II (letzter Zugriff am 26. 09. 2013)*

Zittern vor der Prüfung – wer es nicht aus eigener Erfahrung kennt, hat es sicher schon bei anderen miterlebt. Was sollten Sie über Prüfungsangst wissen und wie gehen Sie damit um, wenn Sie Prüfungangst bei einem Ihrer Schüler feststellen?

Die Ursachen der Prüfungsangst können sehr vielfältig sein: hohe Erwartungen seitens des Elternhauses, aber auch hoher Leistungsdruck in der Lernumgebung gepaart mit fortgesetzt negativen Rückmeldungen auf die eigenen Leistungen, um nur einige Möglichkeiten zu nennen. Ein gesundes Maß von Anspannung vor einer Prüfung ist normal und wirkt sich sogar positiv auf die Leistungsfähigkeit aus. Tritt dagegen echte Prüfungsangst auf, führt diese im schlimmsten Fall zur vollständigen Blockade.

Hilfreiche Maßnahmen, um Prüfungsangst vorzubeugen oder abzubauen:

- Statt hektischer Ausstrahlung besser zuerst einmal die Schüler freundlich begrüßen und ruhig im Klassenraum ankommen lassen.
- Etwas Humor kann hilfreich sein, sollte aber wohldosiert eingesetzt werden.
- Dafür sorgen, dass Licht, Luft, Temperatur, Lautstärke so angenehm wie möglich sind. Bei längeren Klausuren Getränke und Snacks zulassen.
- Vor dem Start der Prüfung geduldig auf alle Nachfragen antworten und nicht genervt reagieren, wenn aufgeregte Schüler vielleicht eine Frage zu viel stellen.
- Den Schülern Erfolg für die Arbeit wünschen.
- Während der Prüfung jede Störung unterlassen und stattdessen individuell ermutigen durch ein aufmunterndes Lächeln oder – je nach Alter der Schüler und Ihrem Verhältnis zu ihnen – auch durch Körperkontakt.
- Wenn Sie eine echte Blockade erkennen, ist es durchaus angebracht, gezielte Unterstützung in Form von Denkhilfen zu geben (ohne Lösungen zu verraten).
- Und falls es überhaupt nicht mehr geht, bieten Sie dem betreffenden Schüler einen Nachschreibtermin an.
- Tritt bei einem Schüler regelmäßig starke Prüfungsangst mit Blockaden auf und berichten Ihre Kollegen von ähnlichen Erfahrungen, sollten Sie über einen Nachteilsausgleich nachdenken.

Zum Weiterlesen:

○ *Sacher, W. (2004): Leistungen entwickeln, überprüfen und beurteilen. Verlag Julius Klinkhardt: Bad Heilbrunn. S. 76.*

Nicht jeder Schüler und jedes Elternteil wird Ihre Leistungsbewertung kommentarlos hinnehmen. Die Erfahrung zeigt, dass Beschwerden tendenziell zunehmen und dass viele Eltern vor drastischen Methoden, wie dem Gang zum Schulleiter, dem Anruf im Schulamt oder gar dem Anruf beim Elterntelefon des Kultusministeriums, nicht zurückschrecken. – Wie gehen Sie am besten mit Beschwerden um?

Zuerst die gute Nachricht: Die Bewertung einer Einzelleistung, also z.B. einer Klassenarbeit oder Klausur ist grundsätzlich kein Verwaltungsakt, der rechtlich angefochten werden kann. Bei der Bewertung einer einzelnen Leistung können Sie sich auf die sogenannte Einschätzungsprärogative berufen. Damit ist gemeint, dass nur Sie als Fachlehrer und sonst niemand das Recht auf Beurteilung der Leistung hat. Nur Sie wissen, welcher Lernstoff im Unterricht behandelt wurde, und nur Sie können die Leistung des Schülers durch Vergleiche mit Kriterien oder den Leistungen anderer Schüler einordnen. Ein gewisser Beurteilungspielraum des Lehrers wird von den Gerichten respektiert. Dennoch sind Sie verpflichtet, den Schülern die Kriterien Ihrer Bewertung offenzulegen, und das in der Regel bereits im Vorfeld der Leistungskontrolle.

Die schlechte Nachricht: Bei Zeugnisnoten und Prüfungsnoten sieht es anders aus, denn diese stellen sehr wohl einen Verwaltungsakt dar. Hiermit steht den Eltern oder den volljährigen Schülern der Rechtsweg vor einem Verwaltungsgericht offen, wenn sie juristisch gegen eine Bewertung vorgehen möchten.

Bevor es jedoch im schlimmsten Fall zu einer Anfechtungsklage gegen eine von Ihnen erteilte Zensur kommt, sollten Sie alle Möglichkeiten ausschöpfen, um dies zu verhindern. Denkbar sind folgende Verhaltensweisen:

- Sie entschließen sich nach reiflicher Überlegung zu einer Veränderung der Leistungsbewertung, weil Sie die Argumentation der Eltern bzw. des Schülers letztlich doch nachvollziehen können.
- Sie tauschen sich noch einmal gründlich mit einem Fachkollegen zwecks Kontrolle über Ihre Bewertung aus und fragen ihn, ob er bereit ist, an einem Elterngespräch mit Ihnen teilzunehmen, um den Eltern erneut die Bewertung zu begründen.
- Durch eine sorgfältige Aufzeichnung aller Einzelleistungen des Schülers und des Vorgangs, wie aus diesen Leistungen die Zensur zustande gekommen ist, bereiten Sie sich gut auf eine drohende Anfechtungsklage vor.
- Sie suchen das Gespräch mit Ihrem Schulleiter, sobald Sie wissen, dass eine Klage eingereicht werden wird, um sich mit ihm über das weitere Vorgehen abzustimmen.
- Sie bieten den Eltern erneut ein Gespräch in Anwesenheit des Schulleiters an, um sie vom Einreichen der Klage abzubringen. Konzentrieren Sie sich im Gespräch unbedingt auf die Sache – die erteilte Zensur – und lassen Sie alle Emotionen und sonstigen Befindlichkeiten außen vor.

- Wenn Sie erfolglos waren, bereiten Sie eine Stellungnahme der Schule vor. Für eine erteilte Zeugnisnote genügt in der Regel eine Auflistung der schriftlichen Leistungen mit Datum, Thema und erteilter Zensur, eine Bewertung der mündlichen Mitarbeit (summarisch) und eine Nennung sonstiger Leistungen, wenn sie in die Note eingeflossen sind.

Mit folgendem Mustertext können Sie Ihre Stellungnahme abschließen:

Die Leistungsbewertung wurde dem Schüler und den Erziehungsberechtigten fristgerecht erläutert. Die Bewertung erfolgte nach fachlichen und pädagogischen Gesichtspunkten, die übergreifenden Grundsätze der Chancengleichheit und Rechtsstaatlichkeit wurden ebenso gewahrt wie die geltenden Rechtsvorschriften für die Leistungsbewertung. Trotz mehrfacher sorgfältiger Abwägung sehe ich keine Veranlassung, die erteilte Zensur zu verändern.

Das zuständige Verwaltungsgericht wird prüfen, ob bei der Bewertung die Prinzipien der Chancengleichheit und Rechtsstaatlichkeit gewahrt wurden. Ein Gericht interessiert sich nur dafür, ob eine angefochtene Note durch ein korrektes, sachliches und gerechtes Verfahren zustande gekommen ist. Im Grunde gibt es nur drei Gründe für die Aufhebung einer Bewertung: 1. Ihnen wird nachgewiesen, dass der Prüfungsstoff nicht dem Lernstoff entsprach; 2. Sie waren befangen; 3. Ihnen ist ein echter Bewertungsfehler unterlaufen (dies wäre beispielsweise der Fall, wenn Sie die Note aufgrund eines Täuschungsversuchs abgesenkt hätten).

Zum Weiterlesen:
- *Staupe, J. (2007): Schulrecht von A–Z. Deutscher Taschenbuch Verlag: München. S. 135–138.*

Unklar geregelt, schwierig zu messen und oft heftig umstritten – die Bewertung der mündlichen Mitarbeit gehört zu den Königsdisziplinen der Notengebung. Mündliche Leistungen sollen regelmäßig und nachvollziehbar erfasst werden, um dann mit unterschiedlichen Anteilen in die Zeugnisnote einzufließen. Im Hauptfach kann die mündliche Leistung oft mit ungefähr 50 Prozent in die Gesamtnote eingehen, im Nebenfach kann der Anteil noch höher liegen. Informieren Sie sich genau über die rechtlichen Vorgaben, die in Ihrem Bundesland für den Anteil der mündlichen Leistung an der Zeugnisnote gelten.

Während sich einige Lehrer viel Mühe mit ihren Beobachtungen und Notizen machen, geben sich andere mit eher vagen Einschätzungen zufrieden. Wie lässt sich die mündliche Leistung definieren? In einem Lehrplan fand ich dazu folgende Umschreibung:

„In der Realschule sollen die mündlichen Leistungen auch danach bewertet werden, inwieweit die Schülerinnen und Schüler in der Lage sind, Gedanken zusammenzufassen, einen Gesprächsverlauf zu erkennen, Ergebnisse zu formulieren, Abstraktionen zu vollziehen oder nachzuvollziehen, Gemeintes gedanklich strukturiert und in begrifflicher Klarheit darzulegen. Eine spezifische Anforderung liegt darin, einen Sachverhalt selbstständig zu bearbeiten und in einem Kurzvortrag verständlich und bis auf vorformulierte Stichworte frei darzulegen."

Solche Definitionen helfen kaum, wenn es um konkrete Kriterien geht, die den Schülern verständlich sind und auch zur Selbsteinschätzung genutzt werden können. Stöbert man in der Fachliteratur, findet man eine Vielzahl von Aspekten, die für die Bewertung der mündlichen Mitarbeit relevant sein können:

- Quantität der Beteiligung am Unterrichtsgespräch
- Qualität der mündlichen Beiträge (Kritikfähigkeit, Argumentation, Begründungen, Verwendung von Fachsprache)
- Fähigkeit, Inhalte des vorangegangenen Unterrichts mündlich wiederzugeben
- Fähigkeit, wichtige Unterrichtsergebnisse zusammenzufassen
- Mündliche Leistungen in handlungsorientierten Unterrichtsphasen
- Mitgestaltung bei Standbildern oder Rollenspielen
- Mündliche Mitarbeit bei Projekten
- Vorlesen und Vortragen von Texten
- Mündliches Referieren
- Vortragen mündlicher Hausaufgaben
- Fähigkeit zum konzentrierten Zuhören (!) als Voraussetzung für das Eingehen auf die Beiträge von Mitschülern

Wie können Sie die mündlichen Leistungen Ihrer Schüler erfassen?

- Sie führen eine Art Strichliste während des Unterrichts, in der Sie die Anzahl der Schülerbeiträge erfassen und deren Qualität mit Kurzzeichen einschätzen. Von diesem Verfahren rate ich ab, weil der Arbeitsaufwand zu hoch ist.

- Sie halten am Ende jeder Unterrichtsstunde die mündlichen Leistungen aller Schüler (oder nur bestimmter Schüler, die Ihnen noch im Gedächtnis geblieben sind) in Ihrem Notenbuch fest. Ich kann mich gut an einen inzwischen pensionierten Kollegen erinnern, der nach diesem System arbeitete. Mir scheint der Aufwand ebenfalls zu hoch, aber vielleicht gelingt es Ihnen, wenigstens jede zweite oder dritte Stunde nach diesem Prinzip bewerten.

- Sie nehmen sich regelmäßig – zum Beispiel alle zwei Wochen – Zeit, um die mündlichen Leistungen im betreffenden Beurteilungszeitraum mit Eindrucksnoten oder mit einem System von Kurzzeichen zu erfassen, die Sie durch weitere Anmerkungen ergänzen können. Mit diesem System habe ich gearbeitet, bis ich die Schülerselbstbewertung entdeckte.

- Sie fragen einzelne Schüler zu Beginn oder am Ende einer Unterrichtsstunde nach dem Zufallsprinzip ab und sorgen für Ihre Eintragungen dafür, dass jeder Schüler in einem bestimmten Zeitraum einmal an die Reihe kommt.

- Sie erstellen einen Plan, nach dem die Schüler reihum ein Stundenprotokoll führen und es zu Beginn der nächsten Stunde frei vortragen müssen.

- Sie lassen Ihre Schüler Referate zu selbst gewählten oder vorgegebenen Themen halten.

- Sie arbeiten zeitweise mit der Methode „Schüler unterrichten Schüler", um Zeit für die Beobachtung der mündlichen Mitarbeit zu gewinnen.

- Sie beziehen Ihre Schüler in die Beurteilung ein, indem Sie sie regelmäßig dazu auffordern, ihre mündliche Leistung nach zuvor besprochenen Kriterien zu beurteilen. Diese Schülerselbstbeurteilungen sammeln Sie dann ein und verwenden Sie zu Hause, um sie mit Ihrer eigenen Einschätzung abzugleichen. Kommt es zu unterschiedlichen Einschätzungen, sprechen Sie mit dem Schüler nicht über eine mündliche Note, sondern über bestimmte Kriterien, die Sie anders sehen als er.

Das zuletzt genannte Verfahren kann ich Ihnen deshalb empfehlen, weil es von mir seit mehreren Jahren in unterschiedlichen Klassen eingesetzt wird und weil es Ihnen wahrscheinlich jede Menge Arbeit und Ärger ersparen wird.

Abschließend gebe ich Ihnen ein Beispiel eines Kriterienkatalogs für die mündliche Mitarbeit, der im Deutschunterricht einer siebten Realschulklasse entstand. Bei jüngeren oder älteren Schülern wird dieser Katalog sicher anders aussehen. Ebenso wird sich Ihr persönlicher Unterrichtsstil ein Stück weit in den Kriterien widerspiegeln.

Selbsteinschätzungsbogen mündliche Mitarbeit

	Ja, immer	Ja, oft	Manchmal	Eher selten
Quantität und Qualität meiner Mitarbeit				
Ich melde mich oft.				
Meine mündlichen Beiträge sind gut.				
Ich spreche deutlich, laut genug und in vollständigen Sätzen.				
Ich passe gut auf und höre zu, wenn andere sprechen.				
Ich lenke meine Mitschüler nicht vom Unterricht ab.				
Ich frage nach, wenn ich etwas nicht verstanden habe.				
Stillarbeit				
Ich fange zügig mit der Arbeit an.				
Ich arbeite gründlich.				
Ich arbeite schnell.				
Partner- und Gruppenarbeit				
Ich drücke mich nicht vor der Arbeit.				
Ich helfe anderen.				
Ich bringe eigene Ideen und Vorschläge ein.				
Voraussetzungen für meine Mitarbeit				
Ich erledige meine Hausaufgaben vollständig und ordentlich.				
Ich habe mein Arbeitsmaterial vollständig dabei.				
Ich führe mein Heft ordentlich und vollständig.				

Webcode: ER163083-005

Zum Weiterlesen:
○ *Kirk, S. (2004): Beurteilung mündlicher Leistungen. Pädagogische, psychologische, didaktische und schulrechtliche Aspekte der mündlichen Leistungsbeurteilung. Verlag Julius Klinkhardt: Bad Heilbrunn: S. 110–127.*

27 Mündliche Prüfungen korrekt abnehmen – gewusst, wie!

22
23

Mündliche Prüfungen gehören sicher zu den unbeliebtesten Schulveranstaltungen. Neben der Tatsache, dass der Kandidat aufgrund der für ihn unberechenbaren Situation stark gefordert wird, stellt die mündliche Prüfung auch an den prüfenden Lehrer hohe Anforderungen. Prüfer sollen mehrere Dinge gleichzeitig tun, die schon für sich genommen nicht einfach sind: dem Kandidaten zuhören, dabei die Qualität seiner Antwort einschätzen und sich parallel weitere Fragen ausdenken, die vom Niveau her zum Kandidaten passen. In keiner Prüfungsform ist die Beziehungskomponente zwischen Prüfling und Prüfer so entscheidend für den Prüfungsverlauf.

Wenn Sie zum ersten Mal als mündlicher Prüfer eingesetzt werden, tun Sie gut daran, sich gründlich auf Ihre Aufgabe vorzubereiten. Konzipieren Sie genügend Fragen und formulieren Sie diese in jeweils unterschiedlichen Schwierigkeitsgraden. Ergänzen Sie die Fragen um einen Erwartungshorizont in Stichworten, sodass Sie im Prüfungsverlauf abgestufte Hilfen anbieten können. Falls Sie den Prüfling nicht aus Ihrem Unterricht kennen, empfiehlt sich ein Vorgespräch, um wenigstens einen ersten Eindruck von demjenigen zu gewinnen, den Sie prüfen werden. Auch für den Prüfling wird diese Begegnung hilfreich sein.

Achten Sie bei der mündlichen Prüfung auf eine höfliche und angenehme Atmosphäre, die sich oft schon mit kleinen Gesten erreichen lässt: Stehen Sie auf, wenn der Kandidat den Raum betritt und begrüßen Sie ihn mit Handschlag. Bieten Sie ihm einen Platz seiner Wahl an und achten Sie darauf, dass weder der Kandidat noch Sie im starken Gegenlicht sitzen, da die Mimik der Beteiligten gut sichtbar sein muss. Eventuell können Sie auch ein Glas Wasser anbieten. Der berühmte Schluck aus dem Wasserglas verhilft zur willkommenen Denkpause und tut der Stimme gut. Geben Sie genügend Zeit zum Antworten, ohne den Kandidaten dabei aufdringlich zu fixieren. Wenn eine Antwort ausbleibt und Sie feststellen, dass es Lücken in einem Teilbereich gibt, bohren Sie besser nicht zu lange nach, sondern wechseln auf ein anderes Gebiet, in dem mehr zu erwarten ist. Alternativ können Sie bei schwächeren Kandidaten mit Blick auf Ihren Erwartungshorizont abgestufte Denkhilfen anbieten, ohne Lösungen vorwegzunehmen. Erfahrungsgemäß fällt es am Anfang schwer, von der Lehrerrolle in die Prüferrolle zu schlüpfen. Als Prüfer müssen Sie weder kommentieren noch erklären oder loben. Sie ermitteln lediglich den Leistungsstand, indem Sie Wissen abfragen.

Zum Weiterlesen:

○ Ingenkamp, K. / Lissmann, U. (2008): Lehrbuch der Pädagogischen Diagnostik. Beltz Verlag: Weinheim/Basel. S. 137–142.

28 Wie vergebe ich Kopfnoten?

▶ 39

In einigen Bundesländern hat man erkannt, wie problematisch die Bewertung des Schülerverhaltens ist, und daher die sogenannten Kopfnoten völlig abgeschafft. Die Bezeichnung „Kopfnoten" geht darauf zurück, dass diese Noten früher im Kopf der Zeugnisse über den Fachnoten zu finden waren.

Andere Bundesländer verlangen weiterhin die Bewertung überfachlicher Verhaltensaspekte im Zeugnis – entweder durch herkömmliche Ziffernnoten oder mittels abgestufter verbaler Bemerkungen. Zuständig für das Erteilen der Kopfnoten oder für einen Vorschlag zur Bewertung ist im Allgemeinen der Klassenlehrer. Die Fachlehrer geben ebenfalls ihre Einschätzungen ab und die Kopfnoten werden dann meist in der Zeugniskonferenz festgelegt.

Kopfnoten bergen ein immenses Konfliktpotential in sich, weil sie etwas bewerten, was in den meisten Fällen nicht Gegenstand des Unterrichts war. Leider gibt es längst nicht an allen Schulen klare Absprachen zu möglichen Kriterien und Maßstäben für die Bewertung. Aus pädagogischer Sicht besonders problematisch ist die Tatsache, dass viele Lehrer sich von den Kopfnoten eine erzieherische Wirkung erhoffen. Klar ist jedoch: Diese Wirkung hält bestenfalls kurzfristig an und verschärft schlimmstenfalls die Verhaltensauffälligkeiten. Es liegt übrigens in der Natur der Sache, dass es bei den Kopfnoten kaum gelingen kann, Transparenz für Schüler und Eltern herzustellen. Wie gelingt es Ihnen dennoch, die Kopfnoten einigermaßen fair und transparent zu vergeben? Ich schlage Ihnen folgendes Verfahren vor, mit dem ich sehr gute Erfahrungen gemacht habe:

1. **Finden Sie im Unterrichtsgespräch mit den Schülern Bewertungskriterien für die Kopfnoten.** Wenn Ihre Schule bereits Kriterien erarbeitet hat, thematisieren Sie diese im Unterricht und formulieren Sie sie ggf. altersgerecht und verständlich um. Achten Sie bei der Formulierung darauf, dass der „Ich kann"-Stil eingehalten wird, der eine Selbsteinschätzung erleichtert.

2. Aus den Kriterien erstellen Sie einen Selbsteinschätzungsbogen, mit dem sich die Schüler in regelmäßigen Zeitabständen einschätzen. Vorschlag: im Hauptfach viermal, im Nebenfach zweimal pro Schulhalbjahr.

3. Die eingesammelten Bögen vergleichen Sie zu Hause mit Ihren Notizen und Beobachtungen. Gibt es Abweichungen zwischen Ihrer Einschätzung und derjenigen des Schülers, sprechen Sie mit ihm über das betreffende Kriterium.

4. Sie unterzeichnen den Selbsteinschätzungsbogen und geben ihn an den Schüler zurück, um ihn auch den Eltern zur Kenntnis zu geben.

Die Zeit, die im Unterricht zum Diskutieren und Formulieren der Bewertungskriterien benötigt wird, ist eine sehr fruchtbare Lernzeit. Vielleicht werden Sie von Ihren Schülern auf Punkte aufmerksam gemacht, die Ihnen vorher nicht präsent waren. Außerdem schaffen Sie bestmögliche Transparenz, weil mithilfe der Kriterien konkrete Stärken und Schwächen in den Blick genommen werden.

Das folgende Beispiel für einen Selbsteinschätzungsbogen zum Arbeits- und Sozialverhalten kann Ihnen als Anregung dienen:

Selbsteinschätzungsbogen Arbeits- und Sozialverhalten

	Ja, immer	Ja, oft	Manchmal	Eher selten
Arbeitsverhalten				
Ich mache meine Hausaufgaben.				
Ich lenke andere nicht vom Arbeiten ab.				
Ich führe (auch ungeliebte) Aufgaben aus.				
Ich arbeite kontinulierlich (und nicht nur vor den Zeugnissen).				
Ich verrichte die Dienste in der Klasse ordentlich.				
Ich bin pünktlich.				
Ich bringe alle Unterlagen mit, die ich brauche.				
Ich führe meine Hefte und Unterlagen vollständig und sauber.				
Sozialverhalten				
Ich helfen anderen bereitwillig.				
Ich ägere oder belästige meine Mitschüler nicht.				
Ich halte mich an die Klassenregeln.				
Ich befolge die Anweisungen der Lehrer.				
Ich behandele fremdes Eigentum pfleglich.				
Ich halte meine Versprechen.				
Ich übernehme freiwillig Verantwortung für andere.				

KV

Zum Weiterlesen:
○ *Paradies, L. / Wester, F. / Greving, J. (2005): Leistungsmessung und -bewertung. Cornelsen Verlag: Berlin. S. 74–79.*

Webcode: ER163083-006

Hausaufgaben führen die Hitliste der Streitfälle in der Schule an. In den meisten Bundesländern existiert deswegen ein Hausaufgabenerlass. Darin wird unter anderem festgehalten, dass die Hausaufgaben eine „Ergänzung des Unterrichts" sind. Sie sind gewissermaßen die zeitliche Verlängerung des Schulvormittags in den heimischen Bereich der Schüler und müssen daher einen thematischen Bezug zum Unterricht aufweisen.

Gut informiert sein sollten Sie über den zeitlichen Umfang, den die Hausaufgaben je nach Alter Ihrer Schüler haben dürfen. Gehen Sie mit Beschwerden großzügig um und geben Sie einmal hausaufgabenfrei oder reduzieren deutlich, wenn Sie versehentlich einmal zu viele Aufgaben gestellt haben. Es ist übrigens zulässig, von Freitag auf Montag Hausaufgaben zu stellen, wenn samstags kein Unterricht stattfindet.

Weil Sie nicht wissen können, wie groß der Eigenanteil des betreffenden Schülers an der Hausaufgabe ist, kommt eine Benotung nicht infrage. Wer weiß – vielleicht wurde die Aufgabe auf dem Weg zur Schule rasch abgeschrieben, vielleicht haben Eltern oder ältere Geschwister zu Hause sehr intensiv geholfen. Da Sie den Grad der Hilfestellung nicht einschätzen können, wäre es den Mitschülern gegenüber ungerecht, eine Hausaufgabe zu zensieren.

Zulässig ist es aber, wenn Sie den Umfang der Hausaufgaben und die Sorgfalt, mit denen sie erledigt werden, in die Bewertung der Fachleistung einbeziehen. Ebenso wird der Umgang mit den Hausaufgaben auch in die Bewertung des Arbeitsverhaltens einfließen. Je sorgfältiger Sie die Erledigung der Hausaufgaben kontrollieren, desto leichter wird es Ihnen gelingen, sie bei der Bewertung angemessen zu berücksichtigen. Zuweilen gibt es unterschiedliche Sichtweisen darüber, zu welchem Leistungsbereich die Hausaufgaben gehören – zur mündlichen Mitarbeit oder zu den schriftlichen Leistungen. Aus schulrechtlicher Sicht gehören sie nicht zu den schriftlichen Leistungen und müssen daher zu den mündlichen Leistungen gerechnet werden – von dem Fall einmal abgesehen, dass die Schüler zu Hause ein Referat vorbereiten, das dann in der Schule gehalten wird und das eine Klassenarbeit ersetzt. Ähnliches würde für eine schriftliche Hausarbeit gelten, die zur Bewertung im schriftlichen Bereich herangezogen wird. Und aus pädagogischer Sicht scheint es mir ebenso sinnvoll, die Hausaufgaben für den mündlichen Bereich zu berücksichtigen, weil auf diese Weise stillere, aber fleißige Schüler die Möglichkeit erhalten, ihre Gesamtleistung aufzubessern.

Zum Weiterlesen:
○ *Hoegg, G. (2007): Schulrecht. Beltz Verlag: Weinheim/Basel. S. 129–131.*

30 Wie sieht das erweiterte Leistungsverständnis in der neuen Lernkultur aus?

Vor ungefähr zehn Jahren veröffentlichte Felix Winter seinen Band „Leistungsbewertung. Eine neue Lernkultur braucht einen anderen Umgang mit den Schülerleistung". In diesem sehr empfehlenswerten Buch schildert der Autor zunächst die Nachteile der herkömmlichen Notengebung und schlägt eine Reform der Leistungsbewertung vor. Anschließend erläutert der Autor, wie ein moderner Umgang mit Schülerleistungen auszusehen hat und welche neuen Methoden der Leistungsbewertung es gibt, die diesen Vorstellungen entsprechen.

Für das von ihm skizzierte „erweiterte Leistungsverständnis" beschreibt Winter fünf Merkmale, die es besonders zu bedenken gilt, wenn Unterricht methodisch geöffnet wird:

1. Prozesse – und nicht nur Produkte – seien als Leistung anzuerkennen und zu verstehen.
2. Statt eines „statischen Leistungsbegriffs" müsse in der Schule zunehmend ein „dynamischer Leistungsbegriff" Beachtung finden, der die Relativität und die Wandelbarkeit der Kriterien für Leistungen anerkenne.
3. Die Schule müsse zu einem Leistungsbegriff finden, der eine größere Vielfalt von Leistungen einschließe.
4. Die Schüler sollen beteiligt werden, zu definieren, was als Leistung gilt und wie diese bewertet wird.
5. Leistungen sollten weniger als Indikator für eine dahinter liegende Fähigkeit betrachtet werden. Stattdessen müssten der Einfluss der Situation, der Beziehungen im Unterricht (z. B. der Einfluss des Lehrers und der Mitschüler) sowie der individuelle Wissensaufbau beim einzelnen Lerner stärkere Beachtung finden.

Wie können diese Forderungen im Unterricht realisiert werden? Der methodische Weg lässt sich in folgende sieben Schritte unterteilen:

1. Im Unterricht werden Kriterien zur Bewertung von Prozessen und Produkten erarbeitet und verständlich – im Stil von „Ich kann …"-Sätzen formuliert.
2. Aus diesen Kriterien werden Beobachtungs- und Bewertungsraster (z. B. in Form von Selbsteinschätzungsbögen) erstellt.
3. Jeder Schüler bewertet seine Leistung mithilfe des Rasters selbst; ggf. bewerten die Schüler sich auch gegenseitig, um ein Gefühl für Stärken und Schwächen zu bekommen. Der Lehrer schätzt jeden Schüler ein.
4. Der Lehrer vergleicht die Selbstbewertung der Schüler mit seiner eigenen Bewertung. Bei (erheblichen) Unterschieden finden kurze Beratungsgespräche statt. Die Erfahrung zeigt, dass die Schüler erstaunlich rasch lernen, ihre Leistungen realistisch einzuschätzen, sodass der Arbeitsaufwand für den Lehrer insgesamt sinkt, da er zusätzlich zu seinen eigenen Beobachtungen viele Informationen erhält, die er mit zur Bewertung heranziehen kann.
5. Der Lehrer legt die Note fest (nicht die Schüler!). Gegenüber dem Schüler und den Eltern kann er die Note anhand der Kriterien nachvollziehbar begründen.

6. Der Lehrer teilt dem Schüler die Note mit. Im Zugriff auf das Raster können individuelle Stärken und Schwächen aufgezeigt werden.

7. Einzelbewertungen, die nach diesem Verfahren im Laufe eines Schulhalbjahrs zustande gekommen sind, fließen in die Gesamtnote ein.

Die Bewertung mithilfe von Beurteilungsrastern und Schülerselbstbewertungen lässt sich für alle Leistungen anwenden, die von Schülern im Unterricht erbracht werden müssen.

Zum Weiterlesen:

○ Bohl, T. (2006): Prüfen und Bewerten im Offenen Unterricht. Beltz Verlag: Weinheim/Basel. S. 89–103.

○ Winter, F. (2004): Leistungsbewertung. Eine neue Lernkultur braucht einen anderen Umgang mit den Schülerleistungen. Schneider Verlag: Hohengehren. S. 141–157.

31 Wie finde ich eine faire Bewertung für eine Teamarbeit?

Wenn Schüler über einen längeren Zeitraum in Gruppen arbeiten, werden oft komplexe und vielfältige Leistungen erbracht. In der folgenden Übersicht sind mehrere Wege zur Bewertung von Teamarbeit mit ihren jeweiligen Vor- und Nachteilen zusammengestellt:

Bewertungsverfahren	Vorteile	Nachteile
Prozess ohne Bewertung		
Die Gruppenarbeit bleibt als Prozess unbewertet; nur das Ergebnis und/oder die Präsentation werden (später) bewertet.	◌ keine Arbeit für den Lehrer ◌ Schüler erhalten bewertungsfreien Raum; Fehler haben keine negativen Konsequenzen	◌ Leistung des Einzelnen im Prozess wird nicht gewürdigt ◌ Teamarbeit wird nicht gewürdigt ◌ kann zu Nachlässigkeit und Demotivation führen
One-Man-Show		
Lehrer beobachtet nach transparenten Kriterien und bewertet die individuelle Leistung jedes Schülers.	◌ rechtlich einwandfrei ◌ bei gründlicher Durchführung fair und transparent für den Einzelnen	◌ sehr aufwändig und in der Praxis in größeren Lerngruppen kaum zu leisten
Noten-Pool		
Lehrer bewertet Leistung jeder Gruppe und vergibt eine Gesamtnote (= Gruppennote mal Teilnehmerzahl). Die Gruppe teilt diese Gesamtnote unter sich auf. Bei Konflikten versucht der Lehrer zu vermitteln.	◌ der einzelne Schüler wird stark gefordert, sich mit guten Beiträgen in den Prozess einzubringen ◌ Training der Selbst- und Fremdeinschätzung ◌ Schulung der Argumentationsfähigkeit	◌ rechtlich bedenklich, weil nur der Lehrer für die Notengebung zuständig ist ◌ Verfahren ist angreifbar (auch von Eltern) ◌ kann zu Konflikten in der Gruppe und zu Lehrer-Schüler-Konflikten führen
Gruppen-Reflexion		
Jede Gruppe präsentiert. Dabei reflektiert jeder Teilnehmer seinen Beitrag nach zuvor besprochenen Kriterien. Die Mitschüler geben ein Feedback und äußern sich wertend. Der Lehrer legt eine Gesamtnote fest.	◌ rechtlich einwandfrei, weil nur der Lehrer die Zensur verantwortet ◌ Training der Selbstreflexion und Selbstwahrnehmung ◌ Training für das konstruktive Feedback	◌ zeitaufwändig, weil jede Gruppe präsentieren muss und im Anschluss ein Feedback gegeben wird ◌ Gesamtnote kann von der Wahrnehmung der Gruppe und der Mitschüler abweichen

Übersicht 4: Bewertungsverfahren Teamarbeit

Zum Weiterlesen:

◌ *Lissmann, U. (2007): Beurteilungsraster und Portfoliobeurteilung. In: Gläser-Zikuda, M. / Hascher, T. (Hrsg.) (2007): Lernprozesse dokumentieren, reflektieren und beurteilen. Lerntagebuch und Portfolio in Bildungsforschung und Bildungspraxis. Verlag Julius Klinkhardt: Bad Heilbrunn. S. 93–95.*

32 Wie bewerte ich Präsentationen?

Präsentationen, Referate, Kurzvorträge oder Buchvorstellungen einzelner Schüler oder Schülergruppen sind optimale Bewertungsaufgaben, bei denen Sie Ihre Schüler als Mit-Beurteiler einbeziehen können. Erarbeiten Sie gemeinsam Kriterien und lassen Sie die gezeigten Präsentationen anschließend arbeitsgleich (alle beurteilen das Gleiche) oder arbeitsteilig beurteilen (je eine Anzahl von Schülern sind für einen Schwerpunkt zuständig).

Im Internet existiert eine Flut vorgefertigter Bewertungs- und Selbsteinschätzungsbögen, die zur Anregung hilfreich sein können. Nehmen Sie sich genügend Zeit, um zu Ihrem Unterricht passende und für Ihre Schüler verständliche Kriterien zu entwickeln. Achten Sie bei der Formulierung auf „Er/Sie kann …"-Sätze.

Folgende Aspekte können bei der Bewertung von Präsentationen eine Rolle spielen:

1. Inhalt (Anteil an der Gesamtbewertung diskutieren und festlegen)
Begründung der Themenwahl
Gliederung
Einstieg
Inhaltliche Tiefe
Inhaltliche Breite
Schluss: Zusammenfassung
Verwendung von Fachsprache; Erklärung schwieriger Begriffe
Eingehen auf Nachfragen
Sachliche Richtigkeit und Verständlichkeit (je nach Thema)
Spannungsaufbau und Dramaturgie (je nach Thema)
Veranschaulichung der Inhalte (je nach Thema)
Gesamteindruck zum Inhalt

2. Vortrag (Anteil an der Gesamtbewertung diskutieren und festlegen)
Auftreten, Sicherheit, Körperhaltung, Gestik
Blickkontakt zum Publikum
Freier Vortrag
Sprache: Sinnvolle Sprechpausen, Sprechtempo und -lautstärke
Sprache: Ausdruck, Wortwahl
Gesamteindruck zum Vortrag

Übersicht 5: Bewertungsaspekte Präsentation

Zum Weiterlesen:
○ *Werner, G. (2012): Keine Not mit Noten – transparente Bewertung für alle Lernformen. AOL-Verlag: Lichtenau. S. 96–101.*

33 Wie lässt sich selbstgesteuertes Lernen nachvollziehbar bewerten?

Wenn die Schüler bei Gruppenarbeiten und Präsentationen in die Bewertung einbezogen werden können, so gilt dies erst recht für individualisierte Unterrichtsformen wie Freiarbeit, Wochenplanarbeit, Stationenlernen und Projektarbeit. Zwei Beispiele für Selbsteinschätzungsbögen nach einer Freiarbeit:

Selbsteinschätzungsbogen Freiarbeit I

Das klappt prima und ich sollte dafür sorgen, dass es so bleibt:	immer = 3	oft = 2	ab und zu = 1	nie = 0
Ich arbeite sofort los, ohne Zeit zu verschwenden.				
Ich arbeite zügig und sorgfältig.				
Ich ziehe eine angefangene Aufgabe komplett durch.				
Ich plane meine Arbeit selbständig und behalte so die Übersicht.				
Ich weiß, wann ich mir zusätzliche Hilfen holen muss und warte damit nicht zu lange.				
Meine Lösungen sind richtig.				
Gesamtpunkte Stärken =				

KV

Das sind meine Schwächen und ich muss zusehen, dass ich daran arbeite:	immer = 3	oft = 2	ab und zu = 1	nie = 0
Mir fehlt die Lust zum Arbeiten.				
Ich unterbreche die Arbeit oder lasse mich ablenken.				
Mir fehlt die Übersicht, was ich noch zu tun habe.				
Mir fällt es nicht leicht, mir die Zeit gut einzuteilen.				
Ich warte zu lange, bis ich mir Hilfe hole.				
Meine Aufgaben sind nicht vollständig erledigt.				
Gesamtpunkte Schwächen =				
Gesamtpunkte Stärken minus Gesamtpunkte Schwächen =				

Selbsteinschätzungsbogen Freiarbeit II

KV

So arbeite ich	So halte ich mich an Regeln
☐ zügig	☐ Ich erledige alles komplett.
☐ ruhig	☐ Ich kontrolliere meine Ergebnisse.
☐ konzentriert	☐ Ich räume Material ordentlich zurück.
☐ ausdauernd	☐ Ich spreche leise.
☐ sorgfältig	☐ Ich bleibe an meinem Platz.
☐ sauber	☐ Ich störe niemanden.
☐ motiviert	☐ Ich gehe schonend mit Sachen um.

Zum Weiterlesen:

○ *Bohl, T. (2006): Prüfen und Bewerten im Offenen Unterricht. Beltz Verlag: Weinheim/Basel. S. 111–115.*

34 Schülerselbstbewertung – nur eine Modeerscheinung?

Wie können Sie Ihre Schüler systematisch zur Selbstbewertung anleiten? Zuerst sollten Sie im Unterricht für die Problematik der Leistungsbeurteilung und Notengebung sensibilisieren. Bei jüngeren Schülern eignet sich dazu eine spielerische Annäherung. Das kann beispielsweise ein Tabu-Spiel sein, in dem die Schüler ihre spielerische Leistung nach jedem Durchgang gegenseitig bewerten sollen. Bevor Sie die Schülerselbstbewertung durchführen, sollten Sie Regeln vereinbaren. In meinem Unterricht waren das Punkte wie „still sein", „sich nicht mit anderen absprechen", „andere nicht ablenken", „nicht bei anderen abgucken", „Beurteilungsbögen gut aufbewahren", „darüber zu Hause mit den Eltern sprechen". Die Regeln gehören schriftlich in die Hand der Schüler und werden parallel auf einem Plakat im Klassenzimmer visualisiert. Wenn Sie Ihre Schüler an Selbstbewertung heranführen möchten, können Sie mit folgenden Fragen zum Arbeitsprozess beginnen, die erst am Ende eine Bewertungskomponente enthalten:

Fragen zum Arbeitsprozess als Einstieg zur Schülerselbstbewertung   KV

Wie lief deine Arbeit heute?

Welche Aufgabe hast du heute bearbeitet?
Wie bist du bei der Lösung der Aufgabe vorgegangen? Beschreibe deine Arbeitsschritte.
Welche Schritte sind dir leicht gefallen?
Bei welchen Schritten hattest du Probleme? Wieso?
Was hast du getan, um die Probleme zu lösen? Wo hast du dir Hilfe geholt?
Hat dir die Zeit gereicht? Wofür hast du mehr Zeit gebraucht, als du geschätzt hast?
Bist du zufrieden mit deinem Ergebnis? Begründe.
Bist du zufrieden mit deiner Arbeitsweise? Begründe.
Was könntest du beim nächsten Mal anders machen?

Zum Weiterlesen:

○ Buschmann, R. (2006): „Ich melde mich". Schülerinnen und Schüler beobachten und bewerten sich selbst. In: Friedrich Jahresheft 2006 „Diagnostizieren und Fördern". Friedrich Verlag: Velber. S. 125–127.

○ Werner, G. (2012): Keine Not mit Noten – transparente Bewertung für alle Lernformen. AOL-Verlag: Lichtenau. S. 73–84.

Webcode: ER163083-009

35 Schüler bewerten Schüler – ist das erlaubt?

▶ 34

Wenn wir unter „Bewerten" das „Erteilen von Zensuren" verstehen, lautet die Antwort eindeutig: Nein! Denn das Messen und Bewerten von Schülerleistungen gehört zu den Dienstobligenheiten des Lehrers und kann daher – rechtlich gesehen – nicht delegiert werden.

Dennoch ist es ein überaus wichtiges Bildungsziel, Schüler anzuleiten, die Leistungen ihrer Mitschüler einzuschätzen, zu beurteilen und durchaus auch zu bewerten – wenn wir darunter nicht das Erteilen von Noten, sondern nur das Vergleichen mit einer Norm verstehen. Um Verwechslungen vorzubeugen, halte ich mich an die Wortwahl von Thorsten Bohl, der in seinem sehr empfehlenswerten Buch „Prüfen und Bewerten im Offenen Unterricht" von „Schülermitbewertung" spricht. Ohne diese Form der Leistungsbeurteilung lassen sich offenere Formen des Lernens wie Teamarbeit und Projektarbeiten kaum realisieren, weil der Lehrer mit der nachvollziehbaren Bewertung hoffnungslos überfordert ist. Im Grunde genommen gibt es im Unterricht keinen Leistungsbereich, in dem die Schüler sich nicht auch gegenseitig bewerten können. Schülerselbstbewertung und Schülermitbewertung sind ein hervorragendes Tandem, weil sie sich gegenseitig optimal ergänzen und befruchten.

Der methodische Weg zur Schülermitbewertung kann wie folgt skizziert werden:

1. Mit den Schülern über das Problem sprechen, dass der Lehrer nicht alle Leistungen angemessen allein bewerten kann. Außerdem als Begründung anführen, wie hilfreich es ist, wenn die Schüler lernen, sich gegenseitig zu bewerten und somit ihre Stärken und Schwächen einzuschätzen.

2. Klare Kriterien für die Bewertung gemeinsam im Unterricht erarbeiten und sich vergewissern, dass möglichst alle Schüler diese Kriterien verstanden haben.

3. Klare Regeln für die Schülermitbewertung vereinbaren (z.B.: fair beurteilen, niemanden verletzen, Positives zuerst – Negatives zuletzt, gute und hilfreiche Tipps geben, fertige Beurteilung mit dem Mitschüler besprechen). Beim ersten Mal kann es hilfreich sein, Zufallspaare zu bilden, sodass der einzelne Schüler nicht weiß, von welchem Mitschüler er bewertet wird.

4. Mit altersgerechten einfachen Bewertungsaufgaben von konkreten Lernergebnissen beginnen und erst später komplexe Leistungen wie „Teamfähigkeit" im Rahmen einer Gruppenarbeit bewerten lassen.

5. Genügend Zeit dafür vorsehen, um die erteilten Bewertungen gegenseitig mitteilen und erläutern zu lassen!

6. Abschließend mit der Klasse über die Erfahrungen bei der Schülermitbewertung sprechen.

Zum Weiterlesen:

○ Bohl, T. (2006): Prüfen und Bewerten im Offenen Unterricht. Beltz Verlag: Weinheim/Basel. S. 129–131.

○ Winter, F. (2004): Leistungsbewertung. Eine neue Lernkultur braucht einen anderen Umgang mit den Schülerleistungen. Schneider Verlag: Hohengehren. S. 236–254.

36 Lerntagebücher und Lernportfolios – bewerten oder besser nicht?

Im Lerntagebuch verfassen Schüler regelmäßig persönlich gehaltene Berichte über ihre Arbeit und über ihr eigenes Lernen. Mithilfe des Lerntagebuchs sollen persönliche Lernwege und Lernhindernisse bewusst gemacht werden. Zusätzlich sind Lerntagebücher für den Lehrer eine reiche Informationsquelle über die individuellen Verstehensprozesse seiner Schüler. Aus den Einträgen der Schüler lässt sich herauslesen, ob und inwiefern der Unterricht verändert und was mit Einzelnen oder der Klasse besprochen werden könnte.

Lerntagebücher sollten prinzipiell weder korrigiert noch benotet werden, weil die Gefahr einer Verschiebung von Motiven und Zielen aufseiten der Schüler besteht. Wird das Tagebuch bewertet, formulieren sie vielleicht anders, um eine bessere Bewertung zu bekommen.

Das Lernportfolio ist eine Sammelmappe, in der systematisch und nach zuvor vereinbarten Regeln Schülerarbeiten zwecks Würdigung, Beurteilung und Feedback zur individuellen Lernentwicklung gesammelt werden. Zusätzlich zu den Lernergebnissen und Arbeitsproben können hier auch Rückmeldebögen, Selbsteinschätzungen und dergleichen aufbewahrt werden. Dem Lernportfolio werden ebenso wie dem Lerntagebuch besonders hohe Erträge in Bezug auf die zielgerichtete Förderung des selbstgesteuerten Lernens nachgesagt.

Ebenso wie beim Lerntagebuch spricht einiges dafür, die Lernportfolios bei ihrer Einführung in den Unterricht zunächst nicht mit Ziffernnoten zu bewerten. Denn mit dem unbewerteten Portfolio steht dem Schüler ein Schonraum zur Verfügung, in dem er sich frei von Noten- und Leistungsdruck kreativ verwirklichen kann.

Es gibt aber auch Gründe, die für eine Bewertung sprechen. Zum einen würde eine Bewertung das stark eingeschränkte schulische Spektrum der Leistungsvorlagen um ein sehr vielseitiges Element erweitern. **Das über einen längeren Zeitraum geführte Portfolio rückt bei der Bewertung die individuelle Norm in den Fokus, während die herkömmlichen Formen der Leistungsbewertung nahezu ausschließlich die soziale und kriteriale Norm heranziehen.**

Ein weiterer Vorteil des Lernportfolios besteht darin, dass mit dessen Hilfe alle Beteiligten – Schüler, Lehrer und Eltern – anhand konkreter Lernergebnisse über die Lernentwicklung sprechen können. Mit Blick auf den Übergang von der Schule in die Arbeitswelt kann ein Portfolio sehr hilfreich sein – etwa dann, wenn sich ein Bewerber in einem Bewerbungsgespräch selbst präsentieren muss.

Zum Weiterlesen:
○ *Wildt, M. (2005): Mit Lerntagebüchern die Selbstreflexion fördern. In: Lernchancen 43/2005. Friedrich Verlag: Velber. S. 54–56.*

○ *Winter, F. (2007): Fragen der Leistungsbewertung beim Lerntagebuch und Portfolio. In: Gläser-Zikuda, M. / Hascher, T. (Hrsg.) (2007): Lernprozesse dokumentieren, reflektieren und beurteilen. Lerntagebuch und Portfolio in Bildungsforschung und Bildungspraxis. Verlag Julius Klinkhardt: Bad Heilbrunn. S. 109–129.*

37 Wozu ein Zeugnis für den Lehrer nützlich sein kann …

„Frau Zeisig, wenn ich Ihnen eine Note geben könnte …" – Unaufhörlich bewerten wir unsere Schüler. Doch sind wir dazu bereit, uns auch einmal von ihnen bewerten zu lassen?

An den Universitäten ist es längst Realität: Studierende bewerten die Qualität von Lehrveranstaltungen. In der Schule erhalten Lernende eher selten die Möglichkeit, die Qualität des Unterrichts und damit die Arbeit ihrer Lehrer zu bewerten. Warum ist das so?

Zunächst liegt es vermutlich daran, dass das Bewerten von Lehrkräften nicht in die traditionelle Schülerrolle passt. Und dennoch lohnt es sich, wenn Sie sich darauf einlassen.

Selbstverständlich sollten Sie damit nicht gleich in einer Klasse beginnen, mit der Sie im Clinch liegen. Und es empfiehlt sich, nicht gleich in den ersten Monaten an der Schule damit anzufangen. Aber: Wenn Sie ein vernünftiges Verhältnis zu einer Lerngruppe aufgebaut haben, fragen Sie doch einmal schriftlich nach, wie die Schüler Ihren Unterricht finden. Formulieren Sie dazu zu Hause eine überschaubare Anzahl von Fragen oder Kriterien. Diese lassen Sie dann einzeln bewerten. Geben Sie jeweils Gelegenheit zu einer ausformulierten Ergänzung, wenn Sie mit einer Bewertung in Schulnoten arbeiten möchten.

Nach Ihrer Auswertung zu Hause hat die Klasse ein Recht darauf, die Ergebnisse zu erfahren. Dazu reicht es aus, wenn Sie Durchschnittsnoten zu den einzelnen Fragen oder Kriterien ausrechnen.

Sie werden staunen, wie gut es tut, für fleißige Arbeit eine positive Rückmeldung zu bekommen. Ebenso hilfreich wird es für Sie sein, wenn Ihre Schüler Sie auf mögliche Schwächen aufmerksam machen, an denen Sie dann zielgerichtet arbeiten können.

Zum Weiterlesen:
- Bastian, J. / Combe, A. / Langer, R. (2005): Feedback-Methoden. Erprobte Konzepte, evaluierte Erfahrungen. Belz-Verlag: Weinheim/Basel. S. 178–179.
- http://www.opp.udk-berlin.de/opp/uploads/a/a1/Lehrerzeugnis.pdf (letzter Zugriff am 02.09.2013)

38 Welchen Stellenwert haben Zeugnisnoten?

▶ 7

Diese Frage erübrigt sich im Grunde genommen mit der schulischen Wirklichkeit. Denn Ihre Aufgabe ist es, am Ende eines Schul(halb)jahrs Zeugnisnoten zu erteilen.

Wenn das Schuljahr zu Ende geht, binden die Zeugnisnoten einen erheblichen Teil Ihrer Arbeitszeit. Ist diese Mühe lohnenswert?

Welche Bedeutung Zeugnisnoten haben, hängt vom Blickwinkel ab. Für den einzelnen Schüler kann die Note eine erhebliche Bedeutung haben, wenn von ihr die Versetzung oder Nicht-Versetzung in die nächste Klassenstufe abhängt. Je nach Elternhaus und biographischer Prägung haben Zensuren für das einzelne Kind einen größeren oder geringeren Stellenwert, den Sie als Lehrer häufig kaum abschätzen können.

Für das System Schule steht bei der Erteilung der Zeugnisnoten die Selektion im Vordergrund – die Lenkung der Schülermassen in Bildungsgänge und Klassen.

Und schließlich haben Sie selbst während Ihrer Schulzeit und während Ihres Studiums eine Prägung zur Notengebung erhalten. Vielleicht genießen Sie es, jetzt endlich einmal am längeren Hebel zu sitzen und Noten zu erteilen. Oder bei Ihnen liegt eine eher laxe Haltung vor, die das vorhandene System der Notengebung durch eine zu großzügige Bewertungspraxis aushebeln möchte.

Eine gesunde Kompromiss-Haltung zwischen den beiden Extremen von überzogener Strenge und fahrlässiger Laxheit führt zur größten Berufszufriedenheit. Wenn Sie einerseits Kinder und Jugendliche genügend fordern und ihnen Leistungen abverlangen, während Sie andererseits nicht mit Noten disziplinieren und Ihren Lehrer-Status demonstrieren, wird Ihnen das Notengeben leichter fallen und Sie werden von Ihren Schülern stärker akzeptiert.

Zum Weiterlesen:

○ *Jäger, R. S. (2004): Von der Beobachtung zur Notengebung. Verlag Empirische Pädagogik: Landau. S. 27–36.*

○ *Sacher, W. (2004): Leistungen entwickeln, überprüfen und beurteilen. Verlag Julius Klinkhardt: Bad Heilbrunn. S. 21–32.*

„Herr Werner, wie stehe ich zur Zeit mündlich bei Ihnen?" – Vielleicht kommt diese Frage gerade ungelegen oder ich habe mein Notenbuch nicht parat. Oder die Schülerfrage erinnert mich daran, dass ich dringend wieder einmal meine Aufzeichnungen zu den mündlichen Leistungen auf Vordermann bringen muss.

Der Dienstherr erwartet vom Lehrer, dass er den Schülern regelmäßig Auskunft über ihren Leistungsstand gibt und erteilte Bewertungen begründet. Das bedeutet: Sobald Sie eine Note erteilt haben, hat der Schüler das Recht, sie zu erfahren, und darf eine Begründung einfordern. Zuweilen drängt sich der Eindruck auf, dass Noten als „Geheimzeichen" unter Lehrern angesehen werden. Das Gegenteil gilt: Sobald eine Note feststeht, gehört sie dem Schüler. Meine Rechenschaftspflicht über Zensuren betrifft ebenso die Erziehungsberechtigten. In der Hektik des Schulbetriebs wird leicht vergessen, dass auch Kopfnoten gegenüber Schülern und Eltern zu begründen sind.

Als Anhaltspunkt dafür, wie oft Sie den Schülern im Lauf eines Schulhalbjahrs die Bewertung ihrer mündlichen Leistungen mitteilen sollten, kann die Anzahl der Klassenarbeiten, Tests oder Klausuren dienen. Manche Lehrer schreiben die mündliche Note unter jede Klassenarbeitsnote, um die Eltern regelmäßig über die mündlichen Leistungen zu informieren.

Für die Unterrichtsstunden, in denen die Zeugnisnoten mitgeteilt werden, hat sich vielerorts der Begriff „Notenbesprechung" eingebürgert, der leider sehr unglücklich gewählt ist. Es liegt in der Natur der Sache, dass Noten nicht mit Schülern besprochen oder gar diskutiert werden können. Verantwortlich für das Zensieren ist allein der Lehrer, und er wird dies nach reiflicher Überlegung tun, indem er alle schriftlichen, mündlichen und sonstigen Leistungen miteinander verrechnet. Seine Art der Gewichtung wird den rechtlichen Vorgaben und den Absprachen an seiner Schule entsprechen, die den Schülern und den Eltern bekannt gegeben worden ist – hierfür bietet sich der erste Elternabend nach den Sommerferien an.

Beim Verrechnen der Leistungen für die Zeugnisnoten sollten immer pädagogische Erwägungen ausschlaggebend sein und nie die Nachkommastellen eines errechneten Notendurchschnitts! Zu beachten ist, dass eine Zeugnisnote am Ende eines Schuljahrs die Vornote aus dem ersten Halbjahr berücksichtigen muss. Notensprünge um zwei Notenstufen dürften deshalb selten auftreten und sind oft im Einzelfall zu begründen, weil es die Vorschriften fordern. Aus pädagogischer Sicht ist jeder gute Lehrer bemüht, eine positive Lernmotivation und -entwicklung zu belohnen. Wenn ein Schüler seine Leistungen sichtbar gesteigert hat, erhält er im Zweifelsfall die bessere Note. Führt die Entwicklung abwärts, kann die schlechtere Note vielleicht eine Art Warnsignal sein. Dabei sollte der Schüler aber eine klare Perspektive aufgezeigt bekommen, wie er sich steigern kann.

Was gilt es zu beachten, wenn Sie Zeugnisnoten mitteilen?

1. Jede Zensur ist eine individuelle Bewertung, die grundsätzlich unter vier Augen mitgeteilt werden muss. In der Praxis fehlen dafür leider oft Räume und Zeiten. Trotzdem sind Zurückhaltung und Respekt geboten – vor allem wenn es um Schüler geht, die negative Zensuren erhalten. Eine Lösung kann darin bestehen, der Klasse eine Stillarbeit zu geben und dann die Schüler einzeln nach vorn oder in den Flur zu bitten, um ihnen ihre Zeugnisnoten mitzuteilen. Alternativ kann mit einer kodierten Liste gearbeitet werden. Dazu erhält jeder Schüler einen individuellen Code und liest damit seine Note in der Liste ab. Ergänzend sollten auf Wunsch Einzelgespräche in einer Sprech- oder Freistunde angeboten werden.

2. Rechnen Sie bei positiven Noten damit, dass es dennoch Unzufriedenheit gibt, weil eine noch bessere Note erwartet wurde. Reagieren Sie mit Geduld und lassen Sie den ersten Ärger verfliegen, um dann individuell aufzuzeigen, wie das gewünschte Ziel im nächsten Schuljahr erreicht werden kann.

3. Sehr häufig tritt der Fall auf, dass es zu unfairen oder herabsetzenden Äußerungen gegenüber leistungsschwächeren Schülern kommt. Belehren Sie die Schüler darüber, dass eine Note etwas Individuelles ist und es deshalb niemanden zu interessieren hat, welche Note andere bekommen haben.

4. Teilen Sie negative Zensuren in besonders schwierigen Fällen stets in einem separaten Einzelgespräch mit. Im Idealfall haben Sie dieses Gespräch schon im Vorfeld der Stunde geführt, in der Sie den anderen Schülern ihre Noten mitteilen. Auf diese Weise entspannen Sie die Situation für den betroffenen Schüler und reduzieren eigenen Stress.

5. Am anderen Tag sieht die Welt meistens schon etwas anders aus: Lassen Sie immer genug Zeit verstreichen zwischen der Mitteilung einer negativen Note und dem Aufzeigen von Perspektiven für das weitere Lernen.

6. Ergänzen Sie negative Leistungsnnoten nie mit disziplinarischen Worten oder herabwürdigenden Kommentaren!

7. Lassen Sie die Schüler mit den schlechteren Noten deutlich spüren, dass Sie ihnen helfen möchten, ihre Leistungen in Zukunft zu verbessern.

Bei Ihren älteren Kollegen entdecken Sie eine gehörige Portion Gleichmut, wenn die Zeugniskonferenz naht. Doch für Sie ist die Situation neu und Sie fragen sich: „Wie bereite ich mich vor?"

Die folgende Checkliste kann Ihnen bei der Vorbereitung auf die Zeugniskonferenz helfen:

Checkliste zur Vorbereitung auf die Zeugniskonferenz

Aufgabe	erledigt	noch erledigen	nicht nötig
Alle schriftlichen Leistungen sind in meinem Notenbuch sauber erfasst (wenn möglich mit Punkt- bzw. Fehlerzahlen und Notenspiegeln).			
Auch alle mündlichen und sonstigen Leistungen sind erfasst.			
Die Gesamtnote im Fach habe ich ordentlich ausgerechnet und kann diese auf Nachfrage erläutern.			
Ich habe Vorschläge für die Kopfnoten (wenn nötig) abgegeben und kann diese auf Nachfrage begründen.			
Ich habe kontrolliert, ob größere Notensprünge vorliegen. Falls es Sprünge gibt, kann ich diese begründen.			
Ich habe mir „kritische" Noten noch einmal angeschaut, die zur Nicht-Versetzung führen können. Diese Noten kann ich gut begründen (auch gegenüber den Erziehungsberechtigten).			
Ich habe mich bei Kollegen oder der Schulleitung informiert, was ich bei der Zeugniskonferenz zu tun habe.			

KV

Webcode: ER163083-010

Zum Weiterlesen:
○ *Leider gibt es aufgrund der Kulturhoheit der Bundesländer in Deutschland sehr unterschiedliche Regelungen zur Leistungsbewertung. Schauen Sie im Internet auf dem jeweiligen Portal Ihres Kultusministeriums nach.*
○ *Die zweite Zugriffsmöglichkeit: Fragen Sie Ihren Schulleiter nach den rechtlichen Vorgaben. Meist gibt es an der Schule Print-Ausgaben der gültigen Verordnungen, die Sie kopieren oder ausleihen können.*

41 Die Zeugniskonferenz – wie verhalte ich mich richtig?

▶ 40

Als Referendar haben Sie an einer Zeugniskonferenz teilzunehmen, wenn Sie die betreffende Klasse unterrichtet haben, und Sie sind stimmberechtigt. – Was bedeutet das im Einzelnen?

In kaum einer anderen schulischen Veranstaltung wird die Hierarchie einer Schule so deutlich wie in einer Zeugniskonferenz. Sie können dies bereits an der Sitzordnung ablesen. Die Schulleitung hat den Vorsitz und überwacht, ob alles so abläuft, wie es der oberste Dienstherr vorgesehen hat. Sie ruft die einzelnen Klassen auf und überprüft, ob alle zuständigen Lehrkräfte anwesend sind. Die Klassenlehrerin ist jeweils die erste Ansprechperson für die Schulleitung. Sie führt in der Regel das Konferenzprotokoll für die Klasse und ruft zur Abstimmung über nicht eindeutige Kopfnoten oder Versetzungsfragen auf.

Glücklicherweise sind Sie als Fachlehrkraft nur für die Noten zuständig, die Sie erteilt haben, und nicht für die besonders kniffligen Fragen wie Versetzungsentscheidungen und Ähnliches.

Halten Sie Ihr Notenbuch bereit, damit Sie im Zweifels- oder Kritikfall begründen können, wie die Note zustande gekommen ist. Sie – und nur Sie als verantwortliche Lehrkraft – sind für das Erteilen der Fachnote zuständig. Ein gesundes Selbstbewusstsein gegenüber Kollegen oder auch gegenüber der Schulleitung, falls Kritik an Ihrer Notengebung laut wird, kann sicher nicht schaden. Nur Sie kennen die Leistungen des Schülers, die der erteilten Zensur zugrunde liegen. Sie haben sich nach sorgfältigem Abwägen ein Urteil gebildet, das nicht einfach vom Tisch gefegt werden kann. Sollten Sie dennoch während einer Zeugniskonferenz feststellen, dass Sie sich mit Ihrer Notengebung geirrt haben, und das Bedürfnis haben, eine Note zu korrigieren, dann sollten Sie vor den Anwesenden kurz erläutern, welcher Fehler Ihnen unterlaufen ist. Das ehrliche Eingestehen von Fehlern, die jedem von uns unterlaufen, ist eine Charaktereigenschaft, die es ebenso zu pflegen gilt wie das gesunde Selbstbewusstsein gegenüber besserwisserischen und vielleicht arroganten Kollegen.

Wie bei jeder anderen Konferenz an einer Schule, so gelten auch in der Zeugniskonferenz demokratische Spielregeln. Das heißt: Beschlüsse, an denen mehrere Personen beteiligt sind, werden per Mehrheitsvotum gefällt. Dies gilt zum Beispiel in unklaren Fällen bei den Kopfnoten, über die dann alle Lehrkräfte entscheiden, die in einer Klasse unterrichten. Vielleicht erscheint es dem betreffenden Schüler unfair, wenn die Stimme des Religionslehrers, der nur zwei Stunden Unterricht pro Woche gibt, das gleiche Gewicht hat wie die Stimme des Klassenlehrers, der in mehreren Fächern unterrichtet. Aber so funktioniert nun einmal die Demokratie.

Vielleicht kommen Sie durch Ihr Votum dem Wunsch eines Klassenlehrers nach, mit dem Gedanken, dass Sie das Verhältnis zu ihm nicht gefährden möchten. Wenn das der Fall ist, handeln Sie jedoch unpädagogisch, weil Sie den Schüler aus dem Blick verlieren. Behalten Sie bei einer Zeugniskonferenz immer den Schüler im Kopf, um den es geht, und lassen Sie sich nicht von Gruppendruck, Sympathien oder Antipathien leiten!

Zum Weiterlesen:
○ *Staupe, J. (2007): Schulrecht von A–Z. Verlag C. H. Beck: München. S. 135–138.*

42 Wie erstelle ich Zeugnisse und gebe sie aus?

An vielen Schulen gibt es EDV-Lösungen für das Erstellen und Ausdrucken der Zeugnisse. Häufig werden die Noten in einer Datenbank erfasst, die dann das Zeugnis auf das gültige Formular druckt. **Wenn Sie die Anschaffung eines digitalen Notenbuchs in Erwägung ziehen, klären Sie im Vorfeld ab, ob und wie Sie Ihre Notendaten in die Datenbank der Schule einspeisen können.** Eine passende Schnittstelle erspart Ihnen jede Menge Schreibarbeit!

Als Klassenlehrer sind Sie zusätzlich dafür verantwortlich, die Fehlzeiten jedes Schülers mithilfe des Klassenbuchs zu erfassen, damit diese im Zeugnis angegeben werden können. Ist das Zeugnis ausgedruckt, wird es meist zuerst von der verantwortlichen Klassenlehrkraft unterzeichnet und dann an die Schulleitung weitergereicht, die ebenfalls unterzeichnet – und dabei kontrolliert, ob das Zeugnis den formalen Vorgaben entspricht. Im Schulalltag kommt es regelmäßig vor, dass Zeugnisse erneut erstellt werden müssen, weil sich Fehler eingeschlichen haben oder weil Informationen fehlen. Besonders wichtig: **Fehlerhafte Zeugnisse sofort im Reißwolf vernichten, damit nicht durch ein Versehen unterschiedliche Versionen existieren!**

Jedes Zeugnis wird zweifach ausgestellt. Das Original erhält der Schüler, die Kopie wird in die Schülerakte geheftet. Nehmen Sie auf keinen Fall Schülerakten mit nach Hause, weil Sie für einen möglichen Verlust haftbar gemacht werden können!

Am Tag der Zeugnisausgabe überreichen Sie den Schülern ihre Zeugnisse. Ich selbst übergebe die Zeugnisse gern persönlich mit Handschlag und verliere dabei ganz kurz einige anerkennende und lobende Worte. **In dieser Situation ist von Tadel oder negativen Äußerungen dringend abzuraten,** denn dafür ist hier der falsche Ort und die falsche Zeit. Stattdessen hat jeder Schüler, der in die nächste Klasse versetzt wird, ein individuelles Lob für seine Leistung verdient. Die Zeugnisausgabe als Klassenlehrer sehe ich als schönen Anlass im Sinne von: „Du hast es geschafft!" – „Ich freue mich mit dir!" – „Mach weiter so!" – „Wie du siehst, hat sich deine Anstrengung gelohnt!" So wird die Zeugnisausgabe auch zu einer Gelegenheit, die Beziehung zum einzelnen Kind oder Jugendlichen zu festigen.

Negative Emotionen, Enttäuschungen über schlechte Noten, versuche ich durch Ermutigung und Trost aufzufangen. Mit den Schülern, die das Klassenziel nicht erreicht haben, habe ich bereits vor dem Tag der Zeugnisausgabe so ausführlich wie möglich gesprochen, Beratung angeboten und geleistet und – wenn möglich – einen ersten Anschluss zur neuen Klasse hergestellt. **Diese Kinder und Jugendlichen haben besondere Empathie und Zuwendung nötig, um die schwierige Situation des „Sitzenbleibens" mit seinen vielfach negativen Begleiterscheinungen zu verkraften.**

Zum Weiterlesen:
- *http://www.welt.de/themen/sitzenbleiben (letzter Zugriff am 26. 09. 2013)*
- *http://www.dw.de/streit-ums-sitzenbleiben/a-16692803 (letzter Zugriff am 02. 09. 2013)*

Register

Die Ziffern beziehen sich auf die einzelnen Fragestellungen.